Romanistische
Arbeitshefte   8

Herausgegeben von Gustav Ineichen und Christian Rohrer

Jens Allwood / Lars-Gunnar Andersson / Östen Dahl

Logik für Linguisten

Ins Deutsche übersetzt von Michael Grabski

Max Niemeyer Verlag
Tübingen 1973

Original Swedish language edition published by Studentlitteratur ab, Sweden.
Copyright © by Studentlitteratur ab.

ISBN 3-484-50069-7

© Max Niemeyer Verlag Tübingen 1973
Alle Rechte vorbehalten. Ohne ausdrückliche Genehmigung des Verlages ist
es auch nicht gestattet, dieses Buch oder Teile daraus auf photomechanischem
Wege zu vervielfältigen. Printed in Germany

VORWORT DES ÜBERSETZERS

Von der freundlichen Erlaubnis der Verfasser, Änderungen vorzunehmen, habe ich an einer Reihe von Stellen Gebrauch gemacht. Neben der Ersetzung von Beispielsätzen, die zu speziell auf schwedische Gegebenheiten eingehen, einigen Korrekturen an Diagrammen und formalen Ausdrücken und der Streichung einiger exkursorischer Passagen ist hier folgendes geändert:
1. Das Kapitel 5 hier besteht in der Vorlage aus einzelnen Paragraphen, die dort bei der Prädikatenlogik untergebracht waren. Sie sind hier zu einem eigenen Kapitel zusammengefaßt, das allgemein den Übergang von Sätzen zu anderen Sätzen zum Thema hat.
2. Der Gebrauch von Metavariablen bei der Formulierung rekursiver Regeln, von den Verfassern z.T. eingeführt, wurde konsequent durchgeführt, außerdem die Unterscheidung zwischen Objekt- und Metasprache erwähnt und z.T. strikter gehandhabt.
3. Eigene Einschübe sind ferner folgende: die Hinweise auf die Rolle der Klammern bei den Syntaxregeln in Kap. 3.4.1 und auf die Möglichkeit, zwecks indirektem Beweis beliebige Ausdrücke in solche mit Implikation umzuformen (Kap. 3.5); der Rückverweis in 4.2.3 auf die in 1.4 erwähnte Deutung von Funktionen als rechtseindeutigen Relationen; die genauere Kennzeichnung des syntaktischen Verhältnisses zwischen Aussagen- und Prädikatenlogik in 4.4; die Darstellung des Deduktionstheorems in 5.1 in Analogie zu den übrigen Ableitungsregeln; die Passage in Kap. 6.1, in der angedeutet wird, wie Interpretationen für Sätze mit modalen Operatoren zu erweitern sind.
4. Kapitel 4.2, obwohl es tatsächlich zur Semantik gehört, habe ich in seiner syntaktischen Umgebung gelassen, da es auf gewisse Weise die "Verfeinerung der logischen Analyse", d.h. auch den syntaktischen Übergang zur Prädikatenlogik, motiviert; entsprechende Formulierungen sind dort eingefügt, vgl. den Anfang von 4.2.1 und Fußnote 1 von 6.1.
Ich möchte an dieser Stelle Peter Lutzeier für gute Ratschläge und für die Entdeckung und Korrektur einiger Fehler danken. Den Verfassern danke ich für anregende Diskussionen im Zusammenhang mit dem Manuskript und für die Bereitwilligkeit, mit der sie den verschiedenen Bearbeitungswünschen entgegengekommen sind. Dank gebührt auch Peter Linder, der das Manuskript kritisch durchgelesen hat und dessen unbestechlichem

Auge eine Reihe von Fehlern zum Opfer fiel, sowie Ingrid Wiedmann, die in Geduld die mühevolle Arbeit des Schreibens auf sich genommen hat.

Diese Übersetzung ist im übrigen, aufgrund meiner Teilnahme an dem Projekt "Über Beziehungen zwischen natürlichen Sprachen und Logik" an der Universität Stuttgart, durch die DFG gefördert worden.

Tübingen, April 1973   Michael Grabski

VORWORT

Dieses Buch ist in erster Linie für den Linguistikunterricht an der Universität bestimmt, wendet sich jedoch auch an Linguisten, die sich durch eigene Lektüre die Grundbegriffe der Logik erarbeiten wollen, um einen Teil der gegenwärtigen linguistischen Arbeiten verstehen zu können. Es ist aus zwei früheren, ungedruckten Versionen hervorgegangen.
Aus pädagogischen Gründen haben wir an mehreren Stellen die leichte Verständlichkeit der Vollständigkeit vorgezogen, hoffen jedoch, daß dies nicht zu allzugroßen Verzerrungen bei der Darstellung geführt hat.
Außer den Linguisten und Philosophen, die sich über die vorausgehenden Versionen geäußert haben, möchten wir vor allem drei Personen danken: Claes Åberg, der uns vor einer Reihe logischer Schnitzer bewahrt hat, Thore Pettersson, der uns von solchen stilistischer Art gerettet hat, und Ann-Mari Ranstrand, der es glückte, sich in einem chaotischen Manuskript zurechtzufinden. Für die noch vorhandenen Fehler sind wir selbst verantwortlich und sind dankbar für weitere Kritik. Unsere Adresse ist: Avd. för lingvistik, Göteborgs universitet, Lundgrensgatan 7, 412 56 GÖTEBORG.

Jens Allwood
Lars-Gunnar Andersson
Östen Dahl

INHALTSVERZEICHNIS

Verzeichnis der Symbole und Abkürzungen X

0 Einleitung 1

1 Mengenlehre 3

    1.1   Menge und Element 3
    1.2   Relationen zwischen Mengen 5
    1.3   Mengenoperationen 6
    1.4   Relationen und Funktionen 8
    1.5   Übungen 11

2 Schlüsse und die logische Analyse von Sätzen 13

    2.1   Deduktive und induktive Schlüsse 13
    2.2   Logische Form 16
    2.3   Sätze und Propositionen 17
    2.4   Mögliche Welten und Wahrheitsmengen von Propositionen .. 19
    2.5   Analytische und synthetische Sätze 20
    2.6   Einfache und komplexe Sätze 21
    2.7   Die Tiefe der logischen Analyse 21

3 Aussagenlogik 23

    3.1   Satzverknüpfungen 23
    3.2   Die Bedeutung der aussagenlogischen Verknüpfungen 27
    3.2.1 Die Negation 27
    3.2.2 Die Konjunktion 29
    3.2.3 Die Disjunktion 31
    3.2.4 Die Implikation 34
    3.2.5 Die Äquivalenz 37
    3.3   Markierung der Konstituentenstruktur 38
    3.4   Syntax und Semantik für die Aussagenlogik 41
    3.4.1 Syntax 42

		3.4.2	Semantik	43
		3.5	Tautologien und Kontradiktionen	46
		3.6	Wahrheitstafeln	47
		3.7	Übungen	51
4	Prädikatenlogik			54
		4.1	Verfeinerung der logischen Analyse	54
		4.2	Formale Eigenschaften von Relationen	57
		4.2.1	Reflexivität, Symmetrie und Transitivität	57
		4.2.2	Konverse Relationen	58
		4.2.3	Ein- und Mehrdeutigkeit	59
		4.3	Quantoren	60
		4.4	Zusammenfassung der Syntax der Prädikatenlogik	65
		4.5	Semantik	67
		4.5.1	Wahrheit in allen möglichen Interpretationen	71
		4.5.2	Zusammenfassung der Semantik der Prädikatenlogik	76
		4.6	Prädikatenlogik der 2. Stufe	77
		4.7	Übungen	78
5	Das deduktive System			80
		5.1	Ableitungsregeln	80
		5.2	Ableitungsregeln und Konversation	84
		5.3	Präsuppositionen und definite Deskriptionen	86
		5.4	Übung	90
6	Modallogik			91
		6.1	Modale Operatoren	91
		6.2	Modale Operatoren und Quantoren	95
		6.3	Übungen	96
7	Logik für Linguisten ?!?			98
8	Lösungen zu den Übungen			105
9	Literaturverzeichnis			108
10	Sachregister			110

VERZEICHNIS DER SYMBOLE UND ABKÜRZUNGEN

Kapitel 1

$\in$	Element von
$\notin$	nicht Element von
{ }	Mengenklammern
1	Allmenge
$\emptyset$	Nullmenge, leere Menge
$\subset$	echt enthalten in, echte Teilmenge von
$\subseteq$	enthalten in, Teilmenge von
=	gleich
$\cap$	Durchschnitt
$\cup$	Vereinigung
-	Differenz
$\complement A$ oder $\bar{A}$	Komplement von A
(,) oder $\langle$, $\rangle$	geordnetes Paar
f (x)	Wert der Funktion f an der Stelle (für das Argument) x
$A \times B$	kartesisches Produkt von A und B

Kapitel 2

|	Sheffer stroke
$\sim$, $\neg$, -, Neg	verschiedene Zeichen für Negation
&, ., $\wedge$, Konj	Konjunktion
$\vee$, Disj	Disjunktion

→ ⊃ Impl }	Implikation
≡ ↔ Äqu }	Äquivalenz
⟶	ersetze durch
gdw.	genau dann, wenn
w	wahr
f	falsch
N	Negation
K	Konjunktion
C	Implikation } in der "polnischen Notation"
A	Disjunktion
E	Äquivalenz

Kapitel 3

∀	Allquantor
∃	Existenzquantor
∀x M(x) ∀x x ∈ M ∀x ∈ M }	Allquantor mit Angabe des Variationsbereichs

Kapitel 4

R	Relation
Ř	die konverse Relation zu R

Kapitel 5

p / q	gegeben p; dann ist q ableitbar
	Jota-Operator

Kapitel 6

M	Möglichkeitsoperator
N	Notwendigkeitsoperator

0   EINLEITUNG

Für die Linguistik des 20. Jahrhunderts ist der sogenannte Strukturalismus von entscheidendem Einfluß gewesen. Von verschiedenen Ansatzpunkten her und mit z.T. recht unterschiedlichen Theorien hat eine Vielzahl Forscher versucht, die verschiedenen Aspekte der Struktur der Sprache in den Griff zu bekommen. So lassen sich Richtungen nennen, die von Saussure, Hjelmslev, der Prager Schule und Bloomfield ausgehen. Aber auch Chomsky muß mit seiner generativen Grammatik dem Strukturalismus im weiteren Sinn zugerechnet werden. Chomsky ist es vielleicht besser als jemand anderem zuvor gelungen, mit mathematischen Methoden die spezifisch sprachlichen Strukturen zu charakterisieren. Die großen Erfolge des Strukturalismus in der Linguistik beschränken sich jedoch bislang auf die Ausdrucksseite der Sprache, auf Phonologie, Morphologie und Syntax. Für die Inhaltsseite der Sprache, die Semantik, ist dagegen nur wenig erreicht worden. Viele Strukturalisten haben sich bewußt von der Inhaltsseite der Sprache abgewendet, um sich auf deren Ausdrucksseite zu konzentrieren.

Die vielleicht interessantesten Versuche während des 20. Jahrhunderts, die Struktur der Inhaltsseite zu beschreiben, finden wir deswegen nicht in der eigentlichen Linguistik, sondern vielmehr in der formalen Logik. Neben der Mathematik ist die Logik diejenige strukturenbeschreibende Wissenschaft, die während des 20. Jahrhunderts die größten Fortschritte gemacht hat. Zwar ist sie in hohem Maße eine Logik der Mathematik und der mathematischen Sprache gewesen, aber auf ihre Anwendbarkeit auf natürliche Sprachen ist, wenn auch sehr unvollständig, von Forschern wie Frege, Russell, Carnap, Reichenbach und Montague hingewiesen worden.

Obwohl schon Hjelmslev die Fruchtbarkeit der Logik für das Studium der natürlichen Sprachen einsah, haben erst in jüngerer Zeit sowohl Logiker wie Linguisten angefangen, die Inhaltsseite der Sprache mit logischen Mitteln zu untersuchen. Zwar haben sich erst wenige Forscher während relativ kurzer Zeit der logischen Analysemethoden bedient, aber eine Reihe sehr interessanter Untersuchungen zur semantischen Struktur der Sprache sind bereits vorgelegt worden.

Die vorliegende Einführung soll dem Linguisten auf eine, wie die Verfasser hoffen, leichter zugängliche Weise als wie bisher gehandhabt, einige grundlegende logische Theorien und Begriffe darstellen. Der Hauptzweck ist also, Linguisten mit den Grundzügen der Theorie der Logik vertraut zu machen. Deren Kenntnis halten wir für unbedingt notwendig für jeden, der sich ganz allgemein in der modernen Semantik oder Linguistik zurechtfinden will. Wir hoffen auch, mit dieser Einführung die Kluft zwischen Linguisten und Logikern überbrücken helfen zu können und damit zu einer besser koordinierten Zusammenarbeit zwischen Logikern und Linguisten bei dem gemeinsamen Studium der Struktur der Sprache beizutragen.

Wenn auch die einführend-pädagogischen Aspekte überwiegen, werden wir ausführlicher als üblich beständig die Beziehungen zwischen logischer und linguistischer Analyse, zwischen Logik und der natürlichen Sprache diskutieren. Gegen Ende werden wir uns in gewissem Maße auf Entdeckungsfahrt begeben und den Leser zu überzeugen versuchen, daß dieses ein Gebiet ist, das seine Aufmerksamkeit wert ist und das weitere Erforschung verdient.

1 MENGENLEHRE

1.1 Menge und Element

Bei den Überlegungen, die wir in den folgenden Kapiteln anstellen wollen, werden wir häufig Begriffe zuhilfe nehmen, die der Mengenlehre entstammen. Wir beginnen deswegen mit einer Übersicht über dieses Gebiet, das auch für die Mathematik grundlegend ist und eine Reihe direkter Anwendungen in der Linguistik erfahren hat, weswegen auch aus anderen Gründen seine Kenntnis von Nutzen ist. Der wichtigste Begriff in der Mengenlehre ist gerade das Wort Menge, (engl. set). Eine Menge kann aus einer Anzahl von Gegenständen oder Dingen beliebiger Art bestehen. Diese Bestandteile einer Menge heißen ihre Elemente. Die Mengen, über die wir uns Tag für Tag unterhalten, bestehen gewöhnlich aus Elementen, die untereinander etwas gemeinsam haben, beispielsweise die Menge aller Friseure oder die Menge aller Bücher einer bestimmten Bibliothek. In der Mengenlehre kann man jedoch im großen und ganzen Mengen aus beliebigen Elementen bilden, selbst wenn diese keinen irgendwie gearteten Zusammenhang besitzen. Folgende Aufzählungen sind so etwa Beispiele für mengentheoretisch zulässige Mengen:

   (1) Willy Brandt, Mao Tse Tungs großer Zeh, die Quadratwurzel aus 7.

   (2) Die Tante des Lesers, "Syntactic Structures", Trafalgar Square.

Sehen wir uns nun einige Notationsregeln an. Mit großen Buchstaben ($\underline{A}$, $\underline{B}$, $\underline{C}$, ...) bezeichnen wir Mengen und mit kleinen Buchstaben ($\underline{a}$, $\underline{b}$, $\underline{c}$, ...) Individuen, die Elemente von Mengen sein können.
Um auszudrücken, daß das Individuum $\underline{a}$ ein Element der Menge $\underline{B}$ ist, führen wir ein spezielles Symbol ein: $\in$ (zu lesen: "ist Element von") und schreiben also z.B. $\underline{a} \in \underline{B}$. Wenn wir ausdrücken wollen, daß $\underline{a}$ nicht Element von $\underline{B}$ ist, schreiben wir $\underline{a} \notin \underline{B}$.
Wir möchten auch so etwas schreiben können wie "die Menge aus folgenden Individuen: Petzi, Pelle, Pingo" oder "die Menge aller Berliner, die den "Bayernkurier" lesen". Für diesen Zweck gebrauchen wir die üblichen Klammern: $\{\ \}$.

Wie aus den eben genannten Beispielen hervorgeht, gibt es mindestens zwei
Arten, Mengen zu definieren: einerseits durch Aufzählung, anderer-
seits durch Angabe einer Bedingung, die die Elemente erfüllen müssen.
Mithilfe der Klammern erhalten wir dann Ausdrücke der folgenden Art:

    (Aufzählung:) $\{a, b, c\}$
    (Bedingung:) $\{x \mid x \text{ ist Berliner}\}$ (zu lesen: Menge aller $\underline{x}$ für die
                                       gilt: $\underline{x}$ ist Berliner, d.h. die Menge aller Berliner)

Für diese abstrakten Gebilde gibt es in der Umgangssprache verschiedene
Entsprechungen. Aufzählungen werden meist mit der Konjunktion <u>und</u> gebildet, z.B. <u>Petzi und Pelle und Pingo</u> (das erste <u>und</u> kann hier gegen ein
Komma ausgetauscht werden), und Bedingungen können wir z.B. mithilfe
von Relativsätzen angeben: <u>die, die ein Auto haben</u> (= die Menge aller $\underline{x}$,
für die gilt: $\underline{x}$ hat ein Auto).

Etwas, das die Verwendung des Wortes "Menge" in der Umgangssprache
und in der Mengenlehre unterscheidet, ist, daß man in der Mengenlehre
auch Mengen mit einem oder null Elementen zuläßt. Aus jedem Individuum
oder Gegenstand kann man die Menge bilden, die nur aus diesem Individuum
oder Gegenstand besteht. Wenn wir z.B. das Individuum $\underline{a}$ haben, können
wir die Menge mit dem einzigen Element $\underline{a}$ bilden, bezeichnet mit: $\{\underline{a}\}$;
$\underline{a}$ und $\{\underline{a}\}$ sind grundsätzlich etwas Verschiedenes - $\underline{a}$ ist ja keine Menge.
Wir kommen nun auf zwei spezielle Mengen zu sprechen, die Allmenge
und die leere Menge. Um sie zu erklären, führen wir den Begriff
Universum (engl. universe of discourse) ein, den wir salopp
definieren als "alles, über das man in einem bestimmten Text spricht".
So läßt sich z.B. denken, daß das Universum in einem mathematischen
Lehrbuch aus allen Zahlen besteht, während es in einem anderen Text aus
allen Menschen bestehen könnte. Wir können uns nun eine Menge vorstellen,
die aus allen Individuen in dem von uns gewählten Universum besteht.
Diese Menge wird Allmenge genannt und mit dem Zeichen $\underline{1}$ bezeichnet.

Die leere Menge ist ein bißchen kniffliger. Sie wird als die Menge definiert,
die überhaupt keine Elemente enthält, und mit $\emptyset$ bezeichnet. Es gibt genau
eine solche Menge, was vielleicht etwas seltsam aussieht, aber aus einem
Prinzip abgeleitet wird, das für die Mengenlehre allgemein gilt und lautet:
Damit zwei Mengen als verschieden gelten können, muß eine von ihnen
mindestens ein Element enthalten, das in der anderen nicht vorhanden ist.
Demzufolge kann es nicht zwei verschiedene leere Mengen geben, was
indessen zur Konsequenz hat, daß die Menge aller weiblichen Kardinäle
im 19. Jahrhundert identisch mit der Menge aller Hunde ist, die Computer-
programme schreiben können.

1.2 Relationen zwischen Mengen

Eine Reihe Begriffe in der Mengenlehre haben mit Beziehungen zwischen verschiedenen Mengen zu tun. Diese können wir uns verdeutlichen, indem wir Mengen in Form von geschlossenen Linien aufzeichnen. Denken Sie z.B. einmal an die Menge der Bayern und die Menge der Deutschen. Da alle Bayern Deutsche sind, können wir ein Diagramm folgender Art zeichnen:

Fig. 1

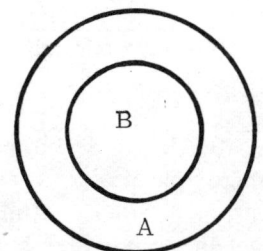

wo A für die Menge der Deutschen und B für die Menge der Bayern steht. Wir drücken diese Beziehung aus, indem wir sagen, daß B eine Teilmenge der Menge A ist oder daß A B enthält. Wir führen hierfür das Zeichen ⊂ ein und schreiben also B ⊂ A.

Betrachten Sie nun die Menge {2, 4, 6, 8} und die Menge aller positiven geraden Zahlen, die kleiner als 10 sind. Es ist leicht zu sehen, daß es sich beidesmal um die gleiche Menge handelt. Wir können dann das normale Gleichheitszeichen benützen und z.B. schreiben: A = B (A ist gleich B). Es kann der Fall vorliegen, daß wir wissen, daß alle Elemente von B Elemente von A sind, aber nicht sagen wollen, daß es auf jeden Fall ein Element von A gibt, das nicht Element von B ist; mit anderen Worten: es kann auch sein, daß A gleich B ist. Wir schreiben für diesen Fall B ⊆ A, was bedeutet, daß entweder B ⊂ A oder B = A gilt. Der Ausdruck "ist Teilmenge von" wird in der Mengenlehre meistens in der Bedeutung ⊆ verwendet; meint man die Beziehung ⊂, sagt man genauer "ist echte Teilmenge von" oder "ist echt enthalten in". Wenn B echte Teilmenge von A ist, gibt es also mindestens ein Element in A, das nicht Element von B ist.
Es leuchtet unmittelbar ein, daß folgendes gilt:
Wenn A ⊆ B und B ⊆ A, dann ist A = B.
Es ist wichtig, zwischen den Relationen "ist Element von" und "ist Teilmenge von" zu unterscheiden. Die Menge der Bayern ist eine Teilmenge der Menge der Deutschen, jedoch kein Element aus dieser Menge. Willy Brandt ist dagegen ein Element aus der Menge der Deutschen, aber nicht ohne weiteres

eine Teilmenge von ihr.

1.3 Mengenoperationen

Es gibt auch Mengen, deren Elemente wiederum Mengen sind. (Solche Mengen werden Familien genannt). Wir können nun für eine gewisse Menge A die Menge aller Teilmengen von A bilden (die sog. Potenzmenge von A). Die Menge {a, b} enthält z.B. folgende Teilmengen: {a}, {b}, {a, b}, ∅. (Die leere Menge ist eine Teilmenge aller anderen Mengen). Die Potenzmenge von {a, b} ist also die Menge { {a}, {b}, {a, b}, ∅ }. Mengen von Mengen werden häufig mit Schreibschrift-Großbuchstaben bezeichnet, z.B. $\mathcal{A}$.

Wir haben oben über verschiedene Arten, Mengen zu definieren gesprochen. Eine Menge kann also - wie die Potenzmenge von A aus A - auch aus anderen Mengen mithilfe von Mengenoperationen definiert werden. Wenn wir zwei Mengen A und B haben, können wir von der Menge sprechen, die aus allen Individuen besteht, die Element sowohl von A wie von B sind. Diese Mengen nennen wir den Durchschnitt von A und B und bezeichnen sie mit A ∩ B. Sie entspricht der schraffierten Fläche von Fig. 2.

Fig. 2

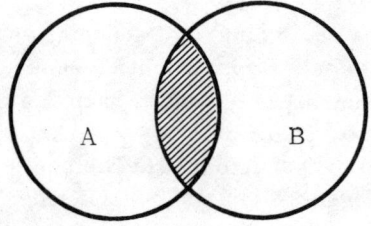

Beispiel: Wenn A die Menge aller Raucher ist und B die Menge aller Linguisten, dann ist A ∩ B die Menge aller Linguisten, die rauchen.
Wir können auch von der Menge aller Individuen sprechen, die Element von mindestens einer der beiden Mengen A und B sind. Sie heißt die Vereinigung von A und B und wird mit A ∪ B bezeichnet, vgl. Fig. 3.

Fig. 3

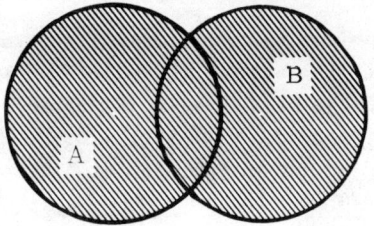

Beispiel: Wenn A die Menge aller Menschen ist, die "Krieg und Frieden" gelesen haben und B die Menge aller Menschen ist, die "Anna Karenina" gelesen haben, dann ist A ∪ B die Menge aller Menschen, die "Krieg und Frieden" oder "Anna Karenina" oder beides gelesen haben.

Eine weitere Mengenoperation ist in Fig. 4 dargestellt.

Fig. 4

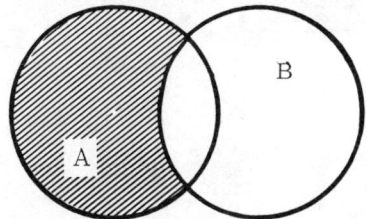

Die durch die Schraffur bezeichnete Menge, also die Menge der Individuen, die Element von A jedoch nicht von B sind, heißt die Differenz von A und B und wird A - B geschrieben.
Beispiel: Wenn A die Menge aller Franzosen ist und B die Menge aller Personen, die Englisch sprechen, dann ist A - B die Menge aller Franzosen, die nicht Englisch sprechen.

Wir haben jetzt eine zeitlang von Mengenoperationen auf jeweils zwei Mengen gesprochen. Es gibt indessen kein Hindernis dagegen, die Stellenzahl zumindest für die Operationen ∩ und ∪ zu erhöhen; z.B. kann man den Durchschnitt von A, B, C und D (d.i. die Menge aller x derart daß x Element von A, B, C und D ist) definieren als eine Operation auf der Familie {A, B, C, D} und verallgemeinert ∩ {A, B, C, D} schreiben. Auf die gleiche Weise ist die Vereinigung von A, B, C und D (d.h. die Menge aller x für die gilt: x ist Element von mindestens einer der Mengen A, B, C oder D) eine Operation auf der Familie $\{A, B, C, D\}$ und wird mit $\cup \{A, B, C, D\}$ bezeichnet.

Noch ein Begriff muß hier eingeführt werden, nämlich K o m p l e m e n t.
Wenn wir ein bestimmtes Universum haben, z.B. alle Menschen, und innerhalb dieses Universums eine Menge bilden, z.B. die aller Franzosen, dann können wir von der Menge sprechen, die von allen Individuen unseres Universums gebildet wird, die nicht Element der Menge der Franzosen sind. Diese Menge nennen wir dann das Komplement von der Menge der Franzosen. Im folgenden Diagramm bezeichnet das Rechteck das Universum, der Kreis eine Menge $\underline{A}$ und die schraffierte Fläche das Komplement von $\underline{A}$, das wir mit $\complement \underline{A}$ oder $\bar{\underline{A}}$ bezeichnen.

Fig. 5

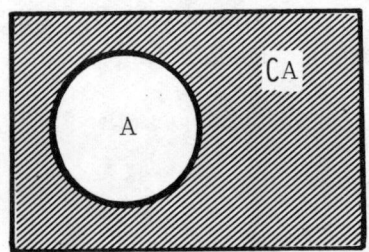

1.4 R e l a t i o n e n   u n d   F u n k t i o n e n

Eine Menge mit zwei Elementen heißt P a a r. Wenn wir uns dazu entschließen, die Elemente des Paares als irgendwie geordnet anzusehen, erhalten wir ein g e o r d n e t e s P a a r. Um geordnete Paare (und andere geordnete Mengen) zu bezeichnen, benutzen wir normale runde Klammern ( ) anstelle der Mengenklammern. (Häufig werden auch spitze Klammern $\langle \, \rangle$ dafür verwendet). Bei ungeordneten Mengen spielt es keine Rolle, in welcher Reihenfolge wir die Elemente einer Menge aufzählen. $\{a, b\}$ ist also die gleiche Menge wie $\{b, a\}$. Das geordnete Paar (a, b) ist dagegen nicht dasselbe wie (b, a). Um uns das klar zu machen, greifen wir vor auf die noch folgende Diskussion des Begriffes R e l a t i o n. Eine zweistellige Relation, z.B. "intelligenter sein als", kann zwischen zwei Individuen bestehen, die Elemente eines geordneten Paares sind. Daß die Ordnung der Elemente wesentlich ist, ist unmittelbar einsichtig: "Max ist intelligenter als Petra" ist nicht das gleiche wie "Petra ist intelligenter als Max".

Auf die gleiche Weise können wir von geordneten T r i p e l n (3 Elemente), Q u a d r u p e l n (4 Elemente), Q u i n t u p e l n (5 Elemente) und allgemein g e o r d n e t e n n - T u p e l n, geordneten Mengen mit $\underline{n}$ Elementen, sprechen.

Die Tage eines Jahres kann man z.B. als geordneten 365-Tupel betrachten.

Ein in Logik, Mathematik und Linguistik sehr wichtiger Begriff ist
F u n k t i o n. Nehmen wir ein Beispiel. Für alle Länder gibt es bei Autos
ein Nationalitätskennzeichen. Betrachten wir nun die Menge aller Länder und
die Menge aller Autokennzeichen. Wir symbolisieren sie mit folgendem
Diagramm:

Fig. 6

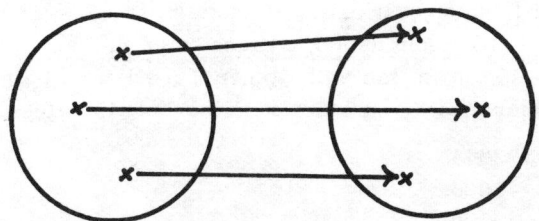

Jedes Kreuz bezeichne ein Element der jeweiligen Menge (es sollten natürlich
entsprechend mehr sein). Von jedem Element der linken Menge, der Menge
der Länder, geht ein Pfeil zu einem Element der Menge rechts, der Menge
der Nationalitätskennzeichen, d.h. zu dem Kennzeichen, das zu dem entsprechenden Land gehört. Wir erhalten damit eine Menge geordneter Paare,
deren erstes Element ein Land und deren zweites Element dessen Kennzeichen
ist, z.B. (Großbritannien, GB). Jedem Element aus der ersten Menge haben
wir ein Element aus der zweiten Menge z u g e o r d n e t. Eine solche Zuordnung
wird Funktion genannt. Um eine Funktion zu erhalten, müssen wir jedem
Element der linken Menge genau e i n Element der rechten Menge zuordnen;
dabei ist jedoch erlaubt, daß mehrere Elemente der linken Menge ein und
dasselbe Element der rechten Menge zugeteilt bekommen. Mit anderen
Worten: die Pfeile dürfen zusammen-, jedoch nicht auseinandergehen.

Fig. 7

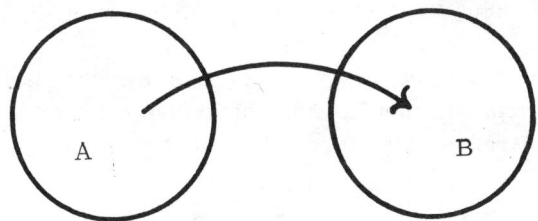

Wenn wir zwei Mengen wie in Fig. 7 und eine Funktion (durch den Pfeil symbolisiert) haben, die für jedes Element in A ein Element in B liefert, sagen wir, daß wir eine Funktion von A in B haben, oder: eine Funktion, die A in B abbildet (engl. maps A into B). Diese Ausdrucksweise scheint von unnötiger Künstlichkeit zu sein, aber es ist nichtsdestotrotz ratsam, sich ihre Bedeutung einzuprägen, da sie in linguistischer Literatur etwas technischeren Charakters häufig auftritt. Zum Beispiel kann man eine Transformation als eine Funktion betrachten, die eine Menge von Strukturen in eine andere Menge von Strukturen abbildet, was eine etwas kompliziertere Art ist, zu sagen: für jede Struktur, die in die Transformation "eingegeben" wird, haben wir eine Struktur als "Ausgabe". Will man mehr Beispiele für Funktionen haben, braucht man nur einen Taschenkalender aufzuschlagen und die in ihm enthaltenen Tabellen zu betrachten, z.B. die für die Einwohneranzahl von Städten. Eine Tabelle wie z.B.

Aachen	172244
Ahlen/Westf.	41006
Amberg/Opf.	42429
...	

repräsentiert eine Funktion, bei der die linke Spalte die Menge A und die rechte Spalte die Menge B repräsentiert. Wir haben also eine Funktion, die die Menge der bundesdeutschen Städte in die Menge der Zahlen abbildet. Etwas Terminologie und Notation: Was in der linken Spalte steht, nennen wir Argument der Funktion, was in der rechten Spalte steht, ihren Wert. Die Funktion selbst wird meistens mit kleinen Buchstaben ab f bezeichnet, und wenn wir $f(x)$ schreiben, bezeichnen wir damit den Wert, den die Funktion f für das Argument x hat. Wenn f für die Funktion steht, die der Tabelle oben entspricht, können wir also schreiben $f(Aachen) = 172244$ und damit meinen, daß für das Argument Aachen die Funktion f den Wert 172244 besitzt, m.a.W., daß Aachen die Einwohneranzahl 172244 hat.

Die Dinge oder Individuen, die Argument einer bestimmten Funktion sein können, bilden eine Menge, die Definitionsbereich oder Domäne der Funktion genannt wird, und die Dinge, die Werte der Funktion sein können, bilden zusammen den Wertebereich der Funktion.

Manche Funktionen haben mehr als ein Argument. Als Beispiel können wir eine andere Tabelle aus dem Taschenkalender anführen, nämlich "Europäische Entfernungen in Straßenkilometern". Sie sieht so aus:

	Amsterdam	Belgrad	Berlin	...
Amsterdam	-	1919	673	
Belgrad	1919	-	1417	
Berlin	673	1417	-	

...

Hier haben wir ein Paar von Städten als Argument und eine Kilometeranzahl als Wert.

1.5 Übungen

1. Schreiben Sie in Symbolen:

    (a) b ist Element von C
    (b) C ist echte Teilmenge von D
    (c) die Vereinigung von A und C
    (d) die Menge mit den Elementen d, e und g

2. Übersetzen Sie folgende Ausdrücke in einigermaßen akzeptables Deutsch:

    (a) { x | x ist ein Mädchen und John hat x geküßt }
    (b) { x | x ist Däne } ∩ { x | x ist Philosoph }

3. Was ist die Potenzmenge von { Petzi, Pelle, Pingo }?

4. Betrachten Sie das folgende Diagramm:

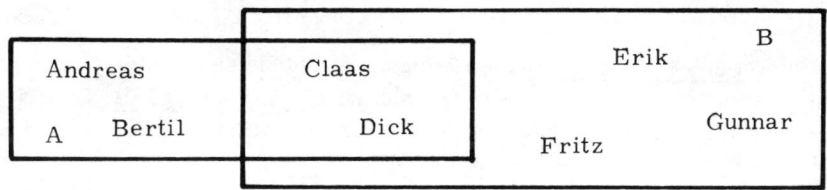

Welche der folgenden Behauptungen sind wahr?

(a) Andreas ist Element von A ∪ B
(b) Andreas ist Element von A ∩ B
(c) A ∩ B hat zwei Elemente
(d) { Erik, Fritz } ⊂ (A ∪ B)

(e) {Erik, Fritz, Gunnar} ⊂ (B - A)
(f) {Erik, Fritz, Gunnar} ⊆ (B - A)

5. Schraffieren Sie auf dem folgenden Venndiagramm die Menge $\complement(A \cap B)$

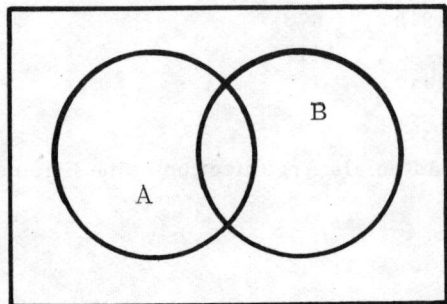

6. Welche der folgenden Behauptungen sind wahr und welche sind falsch?

   (a) c ∈ {a, b, c}
   (b) d ∉ {a, b, c}
   (c) {a, b, c} ⊂ {a, b, c}
   (d) {a, b, c} ⊆ {a, b, c}
   (e) {a, b} ⊆ {a, b, c}
   (f) c ∈ {b, {c}}
   (g) {c} ∈ {b, {c}}

7. Wie kann man folgende Ausdrücke, die Mengen bezeichnen, vereinfachen?

   (a) A ∪ ∅
   (b) 1 ∪ ∅
   (c) $\complement$ 1
   (d) $\complement$ ∅

8. Das kartesische Produkt zweier Mengen A und B ist die Menge aller möglichen geordneten Paare (x, y), für die gilt: x ∈ A und y ∈ B. Man bezeichnet das kartesische Produkt von A und B gewöhnlich mit A × B (zu lesen: "A Kreuz B"). Wenn A = {a, b} und B = {b, c}, ist A × B folgende Menge: {(a, b), (a, c), (b, b), (b, c)}. Geben Sie nun die folgenden Mengen an, indem Sie ihre Elemente aufzählen:

   (a) {a} × {a, b}
   (b) {b, c} × {b, c}

2 SCHLÜSSE UND DIE LOGISCHE ANALYSE VON SÄTZEN

2.1 Deduktive und induktive Schlüsse

Vergleichen Sie folgende zwei Überlegungen:

(1) Alle Freunde von Kalle sind meine Freunde.
 Alle meine Freunde sind nett.
 Daher sind alle Freunde von Kalle nett.

(2) Keiner von Kalles Freunden ist mein Freund.
 Keiner von Kalles Freunden ist nett.
 Daher sind alle meine Freunde nett.

Wir sehen sofort den Unterschied zwischen (1) und (2): wenn wir wie in (1) schließen, "denken wir richtig", schließen wir wie in (2), "denken wir falsch". Wir sagen, in (1) folgt die Konklusion (der Satz, der mit daher beginnt) aus den Prämissen (das, wovon man ausgeht, hier die jeweils zwei ersten Sätze). Mit anderen Worten, wenn die Prämissen wahr sind, soll auch die Konklusion wahr sein. In (2) ist jedoch nicht sicher, daß die Konklusion wahr ist, obwohl die Prämissen wahr sein können. Ersteres kann der Fall sein, beruht jedoch dann nicht auf dem Verhältnis zwischen Prämissen und Konklusion. Nur (1) ist deswegen ein logisch gültiger Schluß.

Logik kann als das Studium der gültigen Schlüsse und der notwendig wahren Sätze angesehen werden. Es gibt in der Hauptsache zwei Typen von Schlüssen: solche, die notwendigerweise gültig sind, und solche, die nur mit einem höheren oder niedrigeren Wahrscheinlichkeitsgrad gelten.
Zu jeder Art von Schlüssen gehört eine bestimmte Art Logik. Die Schlüsse, die notwendig wahre Konklusionen liefern wollen, werden in der deduktiven Logik studiert, während die Schlüsse, die zu Konklusionen führen, die zu einem gewissen Wahrscheinlichkeitsgrad wahr sind, innerhalb der induktiven Logik studiert werden.
Betrachten Sie folgende zwei Beispiele, die den Unterschied zwischen einem deduktiven und einem induktiven logischen Schluß illustrieren:

(3) Deduktiver Schluß

   Prämissen: Es wird kalt, wenn es schneit.
              Es schneit.
   Konklusion: Es wird kalt.

(4) Induktiver Schluß

   Prämissen: Es pflegt kalt zu werden, wenn es schneit.
              Es schneit.
   Konklusion: Es wird vermutlich kalt.

Wir sehen, daß die Konklusion des induktiven Schlusses nur mit einer gewissen Wahrscheinlichkeit gilt, nicht, wie beim deduktiven Schluß, mit Notwendigkeit.

Die deduktive Logik ist die bisher besser untersuchte und entwickelte, wogegen die induktive Logik noch ein ziemlich unerforschtes Gebiet ist. Aus diesem Grund, und weil die deduktive Logik die bislang interessanteren Einblicke in die Struktur der Sprache ermöglicht, widmen wir uns im folgenden der Darstellung der deduktiven Logik und meinen diese, wenn wir einfach von "Logik" sprechen.

Logik ist, so besehen, das Studium derjenigen Eigenschaften von Schlüssen, die zu ihrer notwendigen Gültigkeit führen, oder der Eigenschaften von Sätzen, die zu ihrer notwendigen Wahrheit führen. Da gültige Schlüsse solche sind, bei denen die Konklusion logisch aus den Prämissen f o l g t, ist der Logiker also vor allem an der Relation der l o g i s c h e n F o l g e (K o n s e q u e n z) zwischen Prämissen und Konklusion interessiert. Logische Gültigkeit und logische Wahrheit sind ganz unabhängig davon, ob das, was in den betrachteten Sätzen behauptet wird, mit den Gegebenheiten der Wirklichkeit übereinstimmt, ferner unabhängig von dem Bereich, über den die betrachteten Sätze etwas aussagen. Um dies zu verstehen, betrachten wir wieder einige Beispiele für Schlüsse.

(5) Prämissen: Die Anarchisten oder die Kommunisten werden
               letzten Endes siegen.
               Die Kommunisten werden es nicht.
    Konklusion: Die Anarchisten werden letzten Endes siegen.

Zu beachten ist, daß die Gültigkeit von (5) nicht davon abhängig ist, daß es sich dort um Kommunisten, Anarchisten und darum handelt, wer letzten Endes siegen wird. Folgender Schluß ist vom selben Typ und auf selbe Weise gültig:

(6) Prämissen: Meier oder Müller wird die Professur bekommen.

                    Meier bekommt sie nicht.
Konklusion: Müller bekommt die Professur.

Die Eigenschaften, die den Schlüssen (5) und (6) gemeinsam sind und die ihre Gültigkeit garantieren, nennen wir die **logische Form** der Schlüsse. Wir werden im nächsten Abschnitt noch näher auf diesen Begriff eingehen.

Um zu sehen, daß die Gültigkeit eines Schlusses auch von der Wahrheit seiner Prämissen und seiner Konklusion ganz unabhängig ist, betrachten wir noch drei weitere Schlüsse.

   (7) Prämisse: Sowohl die Eule als auch der Fuchs sind Vögel.
       Konklusion: Die Eule ist ein Vogel.

(7) ist ein gültiger Schluß, obwohl seine Prämisse normalerweise falsch und nur die Konklusion wahr ist.

   (8) Prämissen: Wenn der Mond ein grüner Käse ist, sind alle
                        glücklich.
                        Der Mond ist ein grüner Käse.
       Konklusion: Alle sind glücklich.

(8) ist gültig, obwohl sowohl Prämissen wie Konklusion wahrscheinlich falsch sind.
Nur in dem Fall, wo die Prämissen wahr sind, die Konklusion jedoch falsch ist, wird der Schluß unweigerlich falsch, vgl. (9).

   (9) Prämisse: Alle Wale sind Säugetiere.
       Konklusion: Wale sind Fische.

Ein logischer Schluß ist nämlich wahrheitserhaltend, er drückt aus, was der Fall sein muß, wenn die Prämissen wahr sind. Mit anderen Worten, sind die Prämissen in einem gültigen Schluß wahr, ist es auch die Konklusion.

Die Art von Gültigkeit und Wahrheit, die in der Logik studiert wird, ist also nur abhängig von der Form (Struktur), die die im Schluß enthaltenen Sätze haben. Die Logik kümmert sich dagegen nicht um die Frage, ob das, was behauptet wird, in der Realität wahr ist. Stattdessen konzentriert sie sich auf die Frage, was wahr sein muß, wenn die Prämissen wahr sind. Logische Gültigkeit und Wahrheit sind also eher formal als faktisch, was beinhaltet, daß logische Gültigkeit und Wahrheit auf der Form oder Struktur eines Schlusses oder Satzes beruht, nicht darauf, wovon der Satz handelt. Deswegen läßt sich sagen, daß die logischen Schlüsse Gültigkeit besitzen, welche Verhältnisse auch immer auf der Welt herrschen.

2.2 Logische Form

Wir betrachten wieder einige Beispiele für Schlüsse, wobei jeder Satz einen Schluß ausmacht.

(1) Alle Menschen sind sterblich, also sind einige Menschen sterblich.

(2) Alle Schwäne sind weiß, also sind einige Schwäne weiß.

(3) Alle Menschen sind nicht weise, also sind einige Menschen nicht weise.

(4) Alle Schwäne sind nicht weiß, also sind einige Schwäne nicht weiß.

Wir sehen wiederum, daß es die logische Form der Sätze, nicht das, wovon sie handeln, ist, was die Gültigkeit der Schlüsse ausmacht. Auch beruht die Gültigkeit der Schlüsse nicht auf der Wahrheit der Sätze, von denen ausgegangen wird. (2) ist z.B. gültig, obwohl in der Realität nicht alle Schwäne weiß sind. (Bekanntlich gibt es schwarze Schwäne.)

Die logische Gültigkeit von (2) (und ebenso von (1), (3), (4)) hängt auch von gewissen formalen Relationen zwischen Prämisse und Konklusion ab, die durch bestimmte logische Wörter oder Partikel ausgedrückt werden. In unseren vier Beispielen oben sind es die Partikel alle, einige und nicht. Wir können die Argumentation in den vier Beispielen auf folgende Art verdeutlichen:

(1) und (2): Alle S sind P, also sind einige S P.

(3) und (4): Alle S sind nicht P, also, also sind einige S nicht P.

Die logische Form der vier Schlüsse ist damit überschaubarer geworden, und wir können leichter die formalen Relationen sehen, die die Schlüsse gültig machen.

Ein wichtiges Prinzip der Logik, das wir nun formulieren können ist:
Wenn ein Schluß oder ein Satz einer bestimmten logischen Form logisch gültig bzw. wahr ist, dann sind alle Schlüsse bzw. Sätze der gleichen logischen Form gültig bzw. wahr.

Noch ein Hinweis: Die logische Form eines Satzes ist nicht in jedem Fall gleich der "Oberflächenstruktur" der generativen Grammatik, sondern entspricht eher deren "Tiefenstruktur" oder "semantischen Repräsentation". Es ist leicht einsehbar, daß es unzureichend ist, nur die "Oberflächenstruktur" eines Satzes zu beachten. Aus dem Satz Björn ist ein einarmiger Mörder können wir schließen Björn ist einarmig.
Aber wir können nicht auf ähnliche Weise schließen: Björn ist ein angeblicher Mörder. Also ist Björn angeblich.

Oberflächenstruktur = Anordnung v. S P O
Tiefenstruktur = Sinn des Satzes

Da der Begriff logische Form eine so wichtige Rolle in der Logik spielt, ist
es eine der wichtigsten Aufgaben der letzteren, so klar und deutlich wie
möglich auszudrücken, was logische Form heißt. Es gilt, eine Ausdrucksweise oder N o t a t i o n zu finden, die so klar wie möglich die logische Form
von Sätzen und die Relationen spiegelt, die zwischen den logischen Formen
verschiedener Sätze bestehen können.

2.3 Sätze und Propositionen

Wir haben gesagt, daß die Logik sich mit Schlüssen beschäftigt, d.h. damit,
wie man von Prämissen zu Konklusionen übergeht. Von Prämisse und
Konklusion haben wir ohne weiteren Kommentar als von Sätzen gesprochen,
so daß es aussieht, als ob die Logik sich mit Relationen zwischen Sätzen
beschäftigte. Das ist jedoch nicht ausschließlich der Fall, zumindest nicht,
wenn man unter Satz lediglich eine bestimmte Laut- oder Buchstabenkette
versteht. Betrachten wir noch einmal (1):

(1) Alle Freunde von Kalle sind meine Freunde.

Wenn wir diesen Satz hören - können wir aus ihm sichere Schlüsse ziehen?
Die Antwort ist: Nein, zunächst müssen wir wissen, w e r ihn geäußert hat,
da wir sonst nicht wissen, auf wen sich _meine_ bezieht. Um zu wissen, was
wir aus einem bestimmten Satz schließen können, müssen wir zunächst
feststellen, was der Satz darüber aussagt, wie die Welt aussieht. Der gleiche
Satz, von verschiedenen Personen und zu verschiedenen Zeitpunkten geäußert, kann ganz verschiedene Dinge über die Welt aussagen. Wenn z.B.
Nixon um zwei Uhr sagt: "Ich bin jetzt hungrig", behauptet er, daß Nixon
um zwei Uhr hungrig ist, aber wenn Mao-tse-tung das Gleiche um drei Uhr
sagt, behauptet er, daß Mao-tse-tung um drei Uhr hungrig ist.
Eher als vom Satz allein gehen wir also beim Schließen davon aus, was der
Satz über die Welt und die Verhältnisse in ihr aussagt. Wir führen den
Terminus P r o p o s i t i o n[1] ein, um zu bezeichnen, was der Satz in dieser
Hinsicht ausdrückt.
Wie wir schon gesehen haben, kann der gleiche Satz bei verschiedenen Gele-
genheiten unterschiedliche Propositionen bezeichnen. Umgekehrt können
verschiedene Sätze die gleiche Proposition ausdrücken. Der Satz _Heute ist_
Montag, an einem Montag geäußert, drückt die gleiche Proposition aus wie
Gestern war Montag, an einem Dienstag geäußert.

---

1   Ein Wort der Warnung: "Proposition" wird in Logik und Linguistik auf
    mindestens fünf verschiedene Weisen gebraucht.

Wenn wir von einer Proposition umgangssprachlich reden, gebrauchen wir meistens daß-Sätze. Der traditionelle Unterschied zwischen direkter und indirekter Rede entspricht etwa der Unterscheidung zwischen Sätzen und Propositionen. Vgl.

(2) Heinrich IV sagte: "Paris ist eine Messe wert".

(3) Heinrich IV sagte, daß Paris eine Messe wert sei.

(2) ist wahr, wenn Heinrich der Vierte die Worte gebrauchte: Paris ist eine Messe wert, (3) ist wahr, wenn er den Inhalt des daß-Satzes in (3) auf irgendeine Weise zum Ausdruck brachte. Er kann an und für sich auch andere Worte gebraucht haben, z.B.

(4) Paris is worth a mass.

oder

(5) Die Krone ist eine Messe wert.

Mit (3) sagen wir also aus, daß Heinrich IV eine bestimmte Proposition vertrat.
Es läßt sich auch zeigen, daß es in der Umgangssprache üblicher ist, Ausdrücke wie "wahr", "folgt aus" in Bezug auf Propositionen als in Bezug auf Sätze zu verwenden. So sagt man eher (6a) als (6b), eher (7a) als (7b).

(6)(a) Es ist wahr, daß Schnee weiß ist.
   (b) "Schnee ist weiß" ist wahr.

(7)(a) Daraus, daß Schnee weiß ist, folgt, daß Schnee nicht schwarz ist.
   (b) "Schnee ist nicht schwarz" folgt aus "Schnee ist weiß".

Anstelle von "Proposition" hätten wir das Wort "Behauptung" gebrauchen können, das oft in der Umgangssprache diese Bedeutung hat. Ein Nachteil von "Behauptung" ist indessen, daß es suggeriert, daß ein Behauptender gefordert wird, also jemand, der die Behauptung äußert.
Natürlich erhält die Logik durch die Unterscheidung zwischen Satz und Proposition eine gewisse Kompliziertheit. Häufig wird deswegen auch der Unterschied nicht eingehalten, und so getan, als ob jeder Satz genau einer Proposition (und umgekehrt) entspräche. Gewisse Logiker - z.B. W.V.O. Quine - sind sogar der Meinung, daß der Propositionsbegriff vollkommen überflüssig ist. Tatsächlich kann man recht gut ohne die Unterscheidung Proposition - Satz auskommen, solange man Ausdrücke wie die Personalpronomina (ich, du), Zeitadverbien vom Typ heute, jetzt, gestern etc. vermeidet, deren Deutung von der Sprechsituation abhängig ist (darüber mehr im Kapitel 8). Man kann dann die Begriffe "Satz" und "Proposition" ohne größere Unterscheidung verwenden. Der Linguist sollte jedoch bei der Lektüre von Logiktexten ständig die Unterscheidung zwischen beiden Begriffen parat haben und

versuchen, sich klarzumachen, was eigentlich gemeint ist.

2.4 Mögliche Welten und Wahrheitsmengen von Propositionen

Dem Begriff Proposition kann mithilfe der Mengenlehre eine formale Deutung gegeben werden. Um das verständlich zu machen, müssen wir zunächst den Begriff **mögliche Welt**[1] einführen. Die Umgangssprache hat hierfür u.a. die Bezeichnungen "Situation" oder "Fall" oder "denkbarer Zustand der Dinge".
Die Redeweise, daß es verschiedene mögliche Welten gibt, erinnert zugegebenermaßen an Science-fiction, tatsächlich ist das Konzept jedoch relativ einfach. Wir können uns leicht vorstellen, daß die Welt, in der wir leben, anders aussehen könnte als sie es in Wirklichkeit tut, und wir können durchaus sinnvoll davon sprechen, was wäre, wenn die Wirklichkeit anders wäre; ein Beispiel ist der Satz

(1) Wenn es heute morgen nicht geregnet hätte, wären wir aufs Land gefahren.

Wir können also sprechen von verschiedenen "Möglichkeiten dafür, wie die Welt aussehen kann". Anstelle dieses umständlichen Ausdruckes gebrauchen wir nun das kürzere "mögliche Welt".
Wir haben oben gesagt, daß eine Proposition das ist, was ein Satz in einer bestimmten Situation über die Welt aussagt. Dies können wir auf eine andere Weise ausdrücken. Angenommen eine bestimmte Proposition, z.B., daß Stalin Hitler bewunderte, ist wahr. Das zu behaupten ist dasselbe wie zu sagen, daß unsere Welt zu einer bestimmten Menge möglicher Welten gehört, nämlich der Menge von Welten, in denen gilt, daß Stalin Hitler bewunderte. Für jede Proposition können wir also eine Menge von möglichen Welten finden, wo diese Proposition wahr ist. Diese Menge nennen wir die **Wahrheitsmenge** der betreffenden Proposition. Eine einzelne mögliche Welt läßt sich dementsprechend auffassen als die Menge von Propositionen, die in ihr gültig ist, und die sie beschreibt.

---

[1] Der Begriff stammt von Leibniz, der im übrigen der Ansicht war, daß aufgrund der Güte Gottes unsere Welt die beste aller möglichen Welten war. Eine abweichende Ansicht ist in Voltaire (1759) vertreten.

2.5 Analytische und synthetische Sätze

Oft führt man den Begriff **analytische Wahrheit** als einen zu "logischer Wahrheit" übergeordneten Begriff ein. Alle logischen Wahrheiten sind analytisch, aber es gibt analytische Wahrheiten, die nicht logisch sind. Die analytischen Wahrheiten, die logische Wahrheiten sind, z.B.

(1) Es ist nicht der Fall, daß Wasser ein Element ist und daß Wasser kein Element ist.

stellt man sich als aufgrund ihrer logischen Form wahr vor, während der Rest der analytischen Wahrheiten auf bestimmten Relationen zwischen einzelnen, nicht dem logischen Vokabular angehörenden Wörtern im Satz oder im Schluß beruhen. **Synonymie** (Bedeutungsgleichheit) und **Hyponymie** (Bedeutungsinklusion) sind die wichtigsten dieser semantischen Relationen. Ein Beispiel für einen Satz, der aufgrund von Synonymieverhältnissen analytisch wahr, aber nicht logisch wahr ist, ist:

(2) Alle Junggesellen sind nicht verheiratet.

Dagegen ist (3) ein Schluß, der aufgrund von Hyponymie eher analytisch als logisch gültig ist:

(3) Dieses ist eine Rose.
    ―――――――――――――
    Daher: Dieses ist eine Blume.

Der Unterschied zwischen den analytischen Wahrheiten, die auf logischer Form beruhen, und solchen, die auf semantischen Relationen beruhen, ist jedoch eher graduell als eine kategorialer Unterschied. In gewissem Maß ist nämlich die Entscheidung darüber, was man an einem Satz der logischen Form und was der Bedeutung der übrigen Bestandteile zuschreibt, willkürlich, je nachdem, wie bestimmte Wörter dem "logischen Vokabular" zugeteilt werden oder nicht.
Wenn man einen analytisch wahren Satz verneint, erhält man einen Satz, der aufgrund seiner Form oder Bedeutung ein **analytisch falscher Satz** sein muß, z.B.

(4) Es ist nicht der Fall, daß alle Junggesellen unverheiratet sind.

Analytisch wahre und analytisch falsche Sätze werden unter der Bezeichnung **analytische Sätze** zusammengefaßt. Ihnen ist gemeinsam, daß ihr Wahr- oder Falschsein nicht davon abhängt, wie die Welt aussieht. Ein analytisch wahrer Satz ist wahr in allen möglichen Welten, ein analytisch falscher Satz in allen möglichen Welten falsch. Wir können sagen, daß die Wahrheitsmenge der analytisch wahren Sätze 1 (die Allmenge) ist und die Wahrheitsmenge der analytisch falschen Sätze $\emptyset$ (die Nullmenge).

Sätze, die nicht analytisch sind, werden synthetisch genannt. Sie sind wahr oder falsch abhängig davon, wie die Welt aussieht - m.a.W. wahr in bestimmten Welten und falsch in anderen. Ein Beispiel für einen synthetischen Satz ist

(5) Gustav II Adolf starb 1632.

2.6 Einfache und komplexe Sätze

Ein wichtiges Charakteristikum unserer Auffassung von logischer Struktur ist die Idee, daß alle Sätze letzten Endes in einfache oder atomare Sätze aufgeteilt werden können. Diese einfachen Sätze sind Bausteine für die komplexen oder molekularen Sätze, indem sie miteinander auf bestimmte Weisen kombiniert werden. Jeder Satz ist entweder einfach oder komplex, d.h. auf bestimmte Weise zusammengesetzt.
Die Aufteilung in einfache und komplexe Sätze ist nichts Neues oder für die Logik Spezielles. Sie findet sich auch in der traditionellen Grammatik, wo man lange die syntaktischen Abhängigheitsverhältnisse zwischen einzelnen Sätzen nach den Prinzipien der Gleich- und Unterordnung (Parataxe und Hypotaxe) studiert hat.
Fig. 8 zeigt, wie man mithilfe von und zwei einfache Sätze zu einem komplexen Satz verknüpfen kann.

Fig. 8

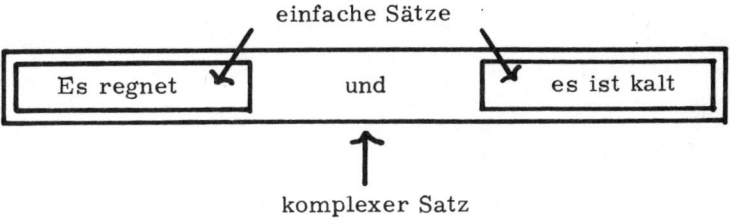

2.7 Die Tiefe der logischen Analyse

Die Analyse logischer Form kann mit verschiedener Tiefe, oder, wenn man so will, verschiedener Feinmaschigkeit betrieben werden. Eine traditionelle Weise, die Logik einzuteilen, baut geradezu auf der Tiefe der logischen Analyse auf und spricht von verschiedenen Logiktypen, je nachdem wie feinmaschig die logische Analyse ist.
Den "grobkörnigsten" Typ logischer Analyse erhält man, wenn man nur die

logischen Relationen untersucht, die zwischen einfachen und komplexen
Sätzen bestehen, und die innere Struktur der einfachen Sätze ganz unbeachtet läßt. Die einfachen Sätze werden dann als unanalysierte Ganzheiten aufgefaßt und wir interessieren uns nur dafür, wie sie miteinander verknüpft sind. Dieser Bereich der Logik heißt **Aussagenlogik** (auch **Aussagenkalkül**, engl. **propositional calculus**).
Beachtet man außerdem auch noch die innere Struktur der einfachen Sätze, ist man auf dem Gebiet der **Prädikatenlogik** (engl. **predicate calculus**). Abhängig davon, wie weit die Analyse der inneren Struktur des einfachen Satzes getrieben wird, kann man verschiedene Typen von Prädikatenlogik erhalten.

3 AUSSAGENLOGIK

3.1 Satzverknüpfungen

Die logischen Relationen zwischen den Sätzen, aus denen ein komplexer Satz besteht, werden gewöhnlich von bestimmten Wörtern bestimmt, die Satzverknüpfungen (oder Junktoren) genannt werden. Eine Satzverknüpfung besteht aus einem oder mehreren Wörtern, die nach der traditionellen Grammatik meistens zu den Konjunktionen gerechnet werden. Häufige Satzverknüpfungen sind: <u>und</u>, <u>oder</u>, <u>weil</u>, <u>indem</u>, <u>aber</u>, <u>bevor</u>, <u>nachdem</u>, <u>obwohl</u>, <u>falls</u>.

Daß diese Verknüpfungen wirklich Sätze auf logisch unterschiedliche Weise miteinander verknüpfen, sehen wir an folgendem Beispiel:

   (1) Fritzchen wählt SPD, obwohl er Gewerkschaftsmitglied ist.

Wir haben hier zwei Sätze, die auf eine bestimmte Weise durch das Wort <u>obwohl</u> zusammengefügt und in eine logische Beziehung gebracht worden sind. Die logischen Beziehungen zwischen den beiden Sätzen wären vollkommen anders, wenn wir stattdessen das Wort <u>und</u> benutzt hätten:

   (2) Fritzchen wählt SPD und (er) ist Gewerkschaftsmitglied.

Oder das Wort <u>oder</u>:

   (3) Fritzchen wählt SPD oder ist Gewerkschaftsmitglied.

Daß es sich wirklich um unterschiedliche logische Beziehungen handelt, sehen wir am besten daran, daß man aus den drei Beispielen ganz verschiedene Schlüsse ziehen kann.

Aus (1) kann etwas der Art gefolgert werden, daß es ungewöhnlich ist, daß ein Gewerkschaftsmitglied SPD wählt. Aus (2) und (3) kann man einen solchen Schluß nicht ziehen. (3) impliziert nicht einmal, daß beide Teilsätze wahr sind, sondern nur, daß einer von ihnen wahr ist.

Es zeigt sich also, daß verschiedene Satzverknüpfungen unterschiedliche logische Strukturen für ihre Verknüpfungsprodukte bestimmen, - d.h. daß aus letzteren jeweils unterschiedliche Folgerungen gezogen werden können.

Da man in der Aussagenlogik nicht an der inneren Struktur von Sätzen interessiert ist, sondern nur an den logischen Beziehungen zwischen Sätzen, pflegt man sog. S a t z v a r i a b l e n zu benutzen, d.h. Zeichen mit beliebiger Bedeutung, die für irgendwelche Aussagesätze stehen können. Als Variablen nimmt man gewöhnlich kleine Druckbuchstaben ab p. Mit Satzvariablen lassen sich unsere obigen drei Beispiele auf folgende Weise schreiben:

   (1') p obwohl q
   (2') p und q
   (3') p oder q

Für die atomaren Sätze stehen nun Variablen, während die Wörter die logische Struktur angeben. Für welche Aussagesätze auch immer die Variablen stehen, die aussagenlogische Struktur bleibt die gleiche, da diese nur auf den Eigenschaften der Satzverknüpfungen beruht und nicht auf den Inhalten der atomaren Sätze.

Da die Satzverknüpfungen, im Unterschied zu den Satzvariablen, Zeichen mit einem bestimmten Inhalt sind, der nicht von Fall zu Fall variiert, werden die Satzverknüpfungen zu den sog. l o g i s c h e n K o n s t a n t e n gezählt. Eine logische Konstante ist ein Zeichen, das aufgrund seiner unveränderlichen Bedeutung und Funktion die logische Struktur des Satzes bestimmt, in dem es auftritt. Variablen sind dazu da, den Inhalt zu repräsentieren, der strukturiert werden soll, während die Konstanten die Struktur selbst repräsentieren. Außer den Satzverknüpfungen gehören zu den logischen Konstanten auch solche Zeichen, die wir unten unter den Bezeichnungen Quantoren und Operatoren kennenlernen werden.

In der Aussagenlogik hat man sich bisher darauf beschränkt, nur die Entsprechungen von vier der Satzverknüpfungen zu studieren, die in der Umgangssprache vorkommen, nämlich von und, oder, wenn...dann und genau dann, wenn (falls man das letztere überhaupt als umgangssprachlich ansehen will). Man hat außerdem untersucht, wie die Negation nicht Sätze beeinflußt. Die große Mehrzahl der Verknüpfungen, die in natürlichen Sprachen vorkommen, sind dagegen noch nicht analysiert worden. Wörter wie deswegen, nachdem, indem, obwohl und bevor sind bisher kaum daraufhin untersucht worden, welche logische Struktur sie Sätzen geben.

Dafür gibt es zwei Gründe. Der erste, vielleicht entscheidende, ist, daß die Logik bisher als Dienerin der Mathematik fungiert hat. Innerhalb der Mathematik benötigt man nur eine geringe Anzahl der logischen Relationen, deren wir uns bei Überlegungen des täglichen Lebens bedienen und die in der

Umgangssprache kodifiziert sind. Eine bedeutende Menge an Relationen ist daher bislang ununtersucht geblieben.

Der zweite Grund ist theoretisch ernsterer Natur. Er betrifft die Frage, in welchem Maße die Verknüpfungen natürlicher Sprachen **wahrheitsfunktional** sind. Zum Verständnis dessen, was diese Frage beinhaltet, führen wir den Terminus **Wahrheitswert** ein. Jeder Aussagesatz habe einen und nur einen Wahrheitswert. Ein wahrer Satz habe den Wahrheitswert "wahr", während ein falscher Satz den Wahrheitswert "falsch" habe. Wir bezeichnen die beiden Wahrheitswerte abgekürzt mit w bzw. f. Zur Frage der Wahrheitsfunktionalität betrachten wir nun folgendes Beispiel.

(4) Es ist warm und stürmisch.

(4) kann auf eine logisch klarere Weise paraphrasiert werden durch (4'):

(4') Es ist warm und es ist stürmisch.

Damit der ganze Ausdruck (4') wahr ist, ist erforderlich, daß sowohl es ist warm als auch es ist stürmisch wahr sind. Also: genau dann, wenn beide durch und verbundenen Sätze wahr sind, ist der ganze Ausdruck wahr. Wenn einer der Sätze oder auch beide falsch sind, ist der ganze Ausdruck falsch. Man kann also sagen, daß der Wahrheitswert für den ganzen Ausdruck hier, d.h. bei Verknüpfung durch und, eine Funktion der Wahrheitswerte der Sätze ist, aus denen der Gesamtsatz besteht.

Eine Verknüpfung ist dann wahrheitsfunktional, wenn sie den Wahrheitswert des durch sie entstandenen Satzkomplexes zu einer Funktion des Wahrheitswertes eines jeden einzelnen verknüpften Satzes macht. Für und und oder können wir das auf folgende Weise verdeutlichen:

(5)(a) _____ und _____

(b) _____ oder _____

Anstelle von Satzvariablen verwenden wir hier Striche. Und und oder sind beide wahrheitsfunktional, d.h. die Wahrheitswerte für die komplexen Sätze (5a) und (5b) werden ganz von den Wahrheitswerten der Sätze bestimmt, die hier durch Striche angedeutet sind. Auf Wahrheitsfunktionen kommen wir noch ausführlicher zu sprechen.

Eine der wichtigsten Aufgaben der Logik ist es, zu zeigen, welche Menge korrekter Schlüsse aus einer Anzahl Prämissen gezogen werden können, oder, wenn man will, welche Schlüsse die Wahrheit der Prämissen erhalten. Es ist deshalb von großer Bedeutung, daß man die wahrheitsfunktionalen Eigenschaften von Verknüpfungen kennt. Diese Eigenschaften sind es nämlich, die es uns erlauben, über die aussagenlogische Gültigkeit eines Schlusses zu sprechen.

(6) Es schneit und ich freue mich.

(7) Es schneit aber ich freue mich.

Wie gesagt sind nun nicht alle Verknüpfungen wahrheitsfunktional. Betrachten wir z.B. den Unterschied zwischen und und aber in (6) und (7). Beide fordern, daß die Sätze, die sie zusammenfügen, sämtlich wahr sind, damit der gebildete komplexe Ausdruck wahr sei. Trotz dieser Gleichheit gibt es einen Unterschied zwischen ihnen, der allerdings nicht wahrheitsfunktionaler Art ist und im übrigen in der traditionellen Logik nicht behandelt werden kann. Alle formalen Relationen zwischen Sätzen, die in der klassischen Aussagenlogik behandelt werden, sind wahrheitsfunktional.

Die traditionelle Aussagenlogik wird also von zwei Faktoren eingegrenzt: Nur die Verknüpfungen, die wahrheitsfunktional sind, werden untersucht, und von ihnen werden nur diejenigen, die für die Mathematik relevant gewesen sind, systematisch erforscht. Mehr wahrheitsfunktionale Verknüpfungen einzuführen, betrachtet der Logiker als trivial, da die Zahl der Wahrheitsfunktionen sehr klein und festgelegt ist und im übrigen auf Kombinationen von Operationen mit einer einzigen Funktion reduziert werden kann (dem sog. "Sheffer stroke", der mit "|" bezeichnet wird. $p \mid q$ ist zu lesen "nicht zugleich p und q").

Ursprünglich wurde die Logik als ein Hilfsmittel für das Studium logischer Eigenschaften von natürlichen Sprachen betrachtet - ein Gedanke, der auch dem Linguisten geläufig ist. Indem man z.B. in natürlicher Sprache geführte Argumentation in Aussagenlogik übersetzte, wollte man sich über die Stichhaltigkeit der ersteren Klarheit verschaffen. Es zeigte sich jedoch, daß die Übersetzung auf Schwierigkeiten stieß, da die Vieldeutigkeit und Vagheit natürlicher Sprache in eine in gewissem Maße willkürlich gewählte aussagenlogische Entsprechung überführt werden mußte. Das war ein Grund dafür, daß die Logik sich für lange Zeit vom Studium natürlicher Sprachen immer mehr entfernte.

Die Frage, wie die nicht wahrheitsfunktionalen Relationen zwischen Sätzen zu erfassen und zu formalisieren sind, stellt ein Problem dar, das noch auf eine zufriedenstellende Lösung wartet.

3.2 Die Bedeutung der aussagenlogischen Verknüpfungen

Beschäftigen wir uns nun mit der Bedeutung der fünf aussagenlogischen Verknüpfungen. Die Forderung nach Wahrheitsfunktionalität bewirkt, daß sie in der Logik nur eine beschränkte und festgelegte Bedeutung haben, die ihre Anwendung in der Umgangssprache lediglich teilweise deckt. Im folgenden werden wir auf derartige Unterschiede in gewissem Ausmaß aufmerksam machen. Die fünf Verknüpfungen sind: die Konjunktion (und), die Disjunktion (oder), die Implikation (wenn...dann), die Äquivalenz (genau dann wenn) und die Negation (nicht), die nur sehr abstrakt als "Verknüpfung" bezeichnet werden kann, in dem Fall als 1-stellige Verknüpfung, da sie jeweils auf einem Satz operiert. Für alle fünf Verknüpfungen gibt es bestimmte Zeichen, die unten eingeführt werden.

3.2.1 Die Negation

Die häufigsten Entsprechungen zur Negation in der Umgangssprache sind:

(1)(a) es ist falsch, daß
   (b) es ist nicht der Fall, daß
   (c) es ist nicht an dem, daß
   (d) nicht
   (e) keineswegs
   (f) es stimmt nicht, daß
   (g) es ist nicht wahr, daß

Die Negation wird zur Bildung eines komplexen Satzes verwendet, dessen Wahrheitswert dem des Satzes, auf dem die Negation operiert, entgegengesetzt ist. Wenn also es schneit wahr ist, muß es schneit nicht falsch sein, und umgekehrt. Das kann man zusammenfassend auf eine folgende Weise ausdrücken, wobei man Satzvariablen und ein festgelegtes Zeichen für nicht, "$\sim$", verwendet (auch "$\neg$" und "$-$" sind gebräuchlich).

(2) | p | $\sim p$ |
|---|---|
| w | f |
| f | w |

Eine solche Zusammenfassung der möglichen Wahrheitswerte für $\sim p$ abhängig vom Wahrheitswert von p wird Wahrheitstafel (engl. truth table) genannt.

Wir können die Negation auch mithilfe der Mengenlehre definieren. Betrachten wir das Diagramm unten. Die Menge A sei die Wahrheitsmenge für p -

also die Menge aller der Welten, in denen p wahr ist. Was ist dann die Wahrheitsmenge für ~p? Es muß die Menge aller Welten sein, in denen p falsch ist - was, wie wir leicht sehen können, die Menge ∁ A ist, d.h. das Komplement von A.

Fig. 9

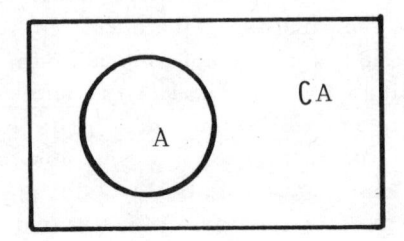

Ein Unterschied zwischen der Negation der Umgangssprache (nicht) und der der Logik ist, daß nur bei der letzteren genau festgelegt ist, welcher Satz in einem gegebenen Ausdruck mit ihr verknüpft ist (z.B. durch Regeln, die angeben, welche Verknüpfungen "enger binden"); daß das in der Umgangssprache nicht der Fall ist, zeigen Sätze mit glauben, finden und meinen, die mit Objektsätzen erweitert sind.

(3) Brandt $\begin{Bmatrix} \text{glaubt} \\ \text{meint} \\ \text{findet} \end{Bmatrix}$ nicht, daß Schmidt gefährlich ist.

(3) ist insofern zweideutig, als nicht einmal den Hauptsatz, zum andern den Nebensatz negieren kann.

(4) Brandt $\begin{Bmatrix} \text{glaubt} \\ \text{meint} \\ \text{findet} \end{Bmatrix}$, daß Schmidt nicht gefährlich ist.

ist dagegen eindeutig.
In es ist nicht der Fall, daß besitzt jedoch auch die Umgangssprache eine Negation, mit der sich eindeutige Sätze für beide Bedeutungen von (3) aufbauen lassen, vgl. (5) und (6).

(5) Brandt glaubt, daß es nicht der Fall ist, daß Schmidt gefährlich ist.

(6) Es ist nicht der Fall, daß Brandt glaubt, daß Schmidt gefährlich ist.

3.2.2 Die Konjunktion

Der Konjunktion entspricht am ehesten das <u>und</u> der Umgangssprache. Sie wird in der Logik verwendet, um einen komplexen Satz zu bilden, der nur dann wahr ist, wenn alle verknüpften Sätze (diese werden Konjunkte genannt) wahr sind. Bei Falschheit eines einzigen Konjunkts ist der ganze komplexe Satz, gleichfalls Konjunktion genannt, falsch. So ist (1) wahr, während (2) falsch ist.

(1) Gustav VI ist Archäologe und Palme Sozialdemokrat.

(2) Gustav VI ist Archäologe und Palme König.

Wir können das wiederum in einer Wahrheitstafel zusammenfassen; die Konjunktion wird bezeichnet mit " & " (auch " . " und " ∧ " kommen vor):

p	q	p & q
w	w	w
w	f	f
f	w	f
f	f	f

Wir sehen, daß wir alle möglichen Wahrheitswertkombinationen für p und q in den beiden linken Spalten aufgeführt haben, und daß nur dann, wenn beide Konjunkte wahr sind, die ganze Konjunktion wahr ist.

Wie verhält sich die Wahrheitsmenge für $p \& q$ zur Wahrheitsmenge für p und und die Wahrheitsmenge für q? Im folgenden Diagramm ist $\underline{A}$ die Wahrheitsmenge für p und $\underline{B}$ die Wahrheitsmenge für q.

Fig. 10

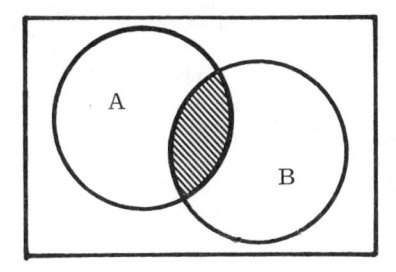

Die Wahrheitsmenge für $p \& q$ muß die Menge aller Welten sein, in denen sowohl p wie q wahr sind. Das ist der Durchschnitt von $\underline{A}$ und $\underline{B}$. Allgemein gilt, daß die Wahrheitsmenge für eine Konjunktion gleich dem Durchschnitt der Wahrheitsmengen der verknüpften Sätze ist.

Den Zusammenhang zwischen Konjunktion und Durchschnitt kann man auch
auf folgende Weise sehen. Angenommen, Jonas (a) ist Mitglied in einem
Schachklub (A) und einem Fußballklub (B). Also gilt, daß a ∈ A & a ∈ B. Wir
wissen, daß eine Konjunktion nur dann wahr ist, wenn ihre sämtlichen
Konjunkte wahr sind. In der folgenden Tabelle sind die Wahrheitswerte für
die Konjunktion direkt unter das Konjunktionszeichen geschrieben.

a ∈ A	&	a ∈ B
w	w	w
w	f	f
f	f	f
f	f	f

Also nur in dem Fall, wo a tatsächlich Element von sowohl A wie B ist, d.h.
Element des Durchschnitts von A und B ist, ist die Behauptung wahr, die
entsteht, wenn man a ∈ A und a ∈ B durch die Konjunktion verbindet.

Genau wie bei der Negation gibt es auch hier Unterschiede zwischen der
logischen Verknüpfung und dem und der Umgangssprache. Ein Problem ist,
daß es mindestens drei verschiedene und in der Umgangssprache gibt:

1. distributives und
2. kollektives und
3. sequentielles und.

Der Unterschied zwischen Typ 1. und 2. läßt sich an folgendem doppeldeutigen
Satz demonstrieren:

(3) Alfred schuldet Berta und Carl ein Eis.

Und ist hier auf folgende Weise doppeldeutig: es ist distributiv, wenn Alfred
Berta und Carl je ein Eis schuldet; es ist kollektiv, wenn er ihnen ein Eis
schuldet, das sie sich teilen müssen.
Als Satzverknüpfung ist und stets distributiv, und entsprechend ist die
logische Konjunktion distributiv. (3) ist deswegen entweder als zwei durch
Konjunktion verbundene Sätze zu analysieren (p & q):

(3a) Alfred schuldet Berta ein Eis und Alfred schuldet Carl ein Eis.

oder als ein einziger Satz (p).

Auch die Nebenbedeutung zeitlicher Aufeinanderfolge, die und in der Umgangssprache oft hat, ist bei der logischen Konjunktion nicht vorhanden. Wir
betrachten ein Beispiel:

(4) Gunnar legte sich aufs Bett und starb.

Eine Übersetzung durch & wird der zeitlichen Folge nicht gerecht, die deutlich durch das und in (4) ausgedrückt wird. Der Grund dafür, daß die logische Konjunktion sozusagen atemporal ist, ist, daß p & q äquivalent ist zu q & p. Diese Eigenschaft hat anscheinend das umgangssprachliche und nicht.

Außerdem gibt es noch andere Verwendungen von und in der Umgangssprache. Oft können diese besser als etwas anderes als Konjunktionen analysiert werden.

    (5) Rühr mich an und ich schlage dich tot.

    (6) Laufe jeden Tag 1 km und du fühlst dich wie ein neuer Mensch.

(5) und (6) sind so eher als Implikationen aufzufassen:

    (5a) Wenn du mich anrührst, schlage ich dich tot.

    (6a) Wenn du jeden Tag 1 km läufst, fühlst du dich wie ein neuer Mensch.

In der Aussagenlogik läßt man normalerweise nur die Verknüpfung durch Konjunktion von zwei Sätzen zu. In normalem Deutsch kann und jedoch prinzipiell beliebig viele Sätze verbinden, z.B.

    (7) Andreas raucht, Birger trinkt, Charlie hascht und Donald ist hinter Mädchen her.

Nichts hindert einen daran, eine Aussagenlogik zu konstruieren, die auf die gleiche Weise funktioniert, in der also die Konjunktion mehr als zwei Sätze verknüpfen kann. Es ist in dem Fall praktisch, das Konjunktionszeichen & vor die Sätze zu schreiben, die verknüpft werden, also etwa auf folgende Weise:

    (8) & (p, q, r, s, t)

Natürlich kann diese Schreibweise auch dann verwendet werden, wenn man nicht mehr als zwei Konjunkte hat. Entsprechendes gilt für die Satzverknüpfung, über die wir im nächsten Abschnitt sprechen werden, die Disjunktion.

3.2.3 Die Disjunktion

Der Disjunktion entspricht etwa das oder der Umgangssprache. Die Disjunktion dient zur Bildung eines komplexen Satzes, der nur dann falsch ist, wenn sämtliche durch sie verknüpften Sätze (die sog. Disjunkte) falsch sind. Es genügt also, daß nur ein Disjunkt wahr ist, damit das gesamte Verknüpfungsergebnis (gleichfalls Disjunktion genannt) wahr ist. So ist z.B. (1) falsch und (2) wahr.

    (1) Der Mars ist ein Satellit oder ein Fixstern.

(2) Der Mars ist ein Planet oder ein Fixstern.

Die Wahrheitstafel für die Disjunktion (bezeichnet mit" ∨ ") hat folgendes Aussehen:

p	q	p ∨ q
w	w	w
w	f	w
f	w	w
f	f	f

Wir sehen, daß eine Disjunktion nur dann falsch ist, wenn beide Disjunkte falsch sind (vgl. letzte Zeile der Wahrheitstafel), in den übrigen Fällen jedoch wahr ist.

Wir sagten im vorigen Abschnitt, daß die Konjunktion der Aussagenlogik auf gewisse Weise der Durchschnittsoperation der Mengenlehre entspricht. Wie verhält es sich nun mit der Disjunktion? A und B sollen wieder die Wahrheitsmengen für p bzw. q sein.

Fig. 11

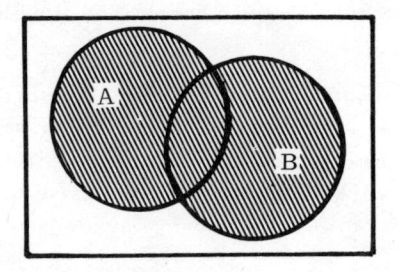

Die Wahrheitsmenge für p ∨ q soll nun die Menge aller Welten sein, in denen p oder q wahr ist - was ja das gleiche ist wie die Vereinigung von A und B. Die Wahrheitsmenge für eine Disjunktion ist also das gleiche wie die Vereinigung der Wahrheitsmengen der verknüpfen Sätze.

Den Unterschied zwischen Disjunktion und Konjunktion können wir nun wieder auf folgende Weise illustrieren. Angenommen, wir wissen, daß Jonas (a) Mitglied des Schachklubs (A) oder des Fußballklubs (B) ist, aber wir sind uns nicht sicher, ob in beiden oder nur einem der Klubs. Folgendes gilt dann: a ∈ A ∨ a ∈ B. Wir sehen nun, daß die Disjunktion der Behauptungen a ∈ A und a ∈ B genau in dem Fall wahr ist, wo a Element der Vereinigung von A und B ist.

Auch für diese Verknüpfung gilt, daß die Verwendung in Logik und Umgangssprache verschieden ist.

Viele sprachliche Ausdrücke scheinen eher eine andere Disjunktion widerzuspiegeln, die dann wahr ist, wenn nur **eines** der Disjunkte wahr ist. Diese Verknüpfung, die hier mit dem Symbol " $\overset{o}{\vee}$ " bezeichnet wird, heißt gewöhnlich **exklusive Disjunktion** und hat die folgende Wahrheitstafel:

p	q	p $\overset{o}{\vee}$ q
w	w	f
f	w	w
w	f	w
f	f	f

Hier wird also die Disjunktion falsch sowohl in dem Fall, wo beide Disjunkte falsch sind wie auch in dem Fall, wo sie beide wahr sind. Das exklusive oder ist also wahrheitsfunktional, aber verschieden von dem in der Logik üblicheren inklusiven oder; ein Grund dafür, daß man in der Logik mit letzterem auskommen kann, ist, daß man mithilfe von ihm und der Negation das ausschließende oder wie folgt repräsentieren kann:

(3) $(p \vee q) \& \sim(p \& q)$

Wir benutzen das inklusive oder ($p \vee q$), schließen jedoch die Möglichkeit aus, daß sowohl p wie q wahr ist, indem wir festlegen, daß die Wahrheitsbedingung für die Konjunktion, daß alle Konjunkte wahr sein müssen, nicht gilt ($\sim (p \& q)$). Wir haben damit ein exklusives oder.

Exklusives oder findet man relativ häufig in entweder ... oder-Sätzen, -Fragen oder -Befehlen.

(4) Entweder ist Gott gut oder er ist es nicht.

(5) Möchtest du Rot- oder Weißwein?

(6) Geld oder Leben!

Es muß auch darauf hingewiesen werden, daß das Moment von Ungewißheit, das in normalen Sprechsituationen beim Gebrauch von oder vorhanden sein muß, für die Logik irrelevant ist. Ein Beispiel wäre das seltsame Verhalten, daß jemand wahrnimmt, daß es draußen schneit, und eingedenk dessen, daß die logische Disjunktion nur die Wahrheit eines Disjunktes erfordert, sagt:

(7) Es schneit oder es regnet.

obwohl es ganz ausgeschlossen ist, daß es regnet. D.h., dieses Verhalten wäre nicht seltsam, wenn nur die wahrheitsfunktionalen Eigenschaften von Verknüpfungen für sprachliche Kommunikation relevant wären. Die Tatsache jedoch, daß eine Äußerung von (7) in der beschriebenen Situation als höchst merkwürdig empfunden würde, weist darauf hin, daß außer wahrheitsfunktionalen Eigenschaften noch andere Faktoren unsere Deutung von sprachlichen Äußerungen bestimmen. Ein Vorschlag zur Analyse wäre es, eine gewisse Anzahl Kommunikationsnormen zu fordern, deren Aufgabe ist, dafür zu sorgen, daß der Informationsaustausch zwischen den Gesprächspartnern maximal ist. Aus solchen Normen ließe sich etwa ableiten, daß es keinen Anlaß gibt, zu sagen, daß p ∨ q, wenn man p oder p & q sagen kann. Es wird sozusagen vorausgesetzt, daß man die sprachlichen Ausdrucksmittel so weit wie möglich ausnützt. Sowohl das, was man sagt, wie auch das, was man nicht sagt, ist für das Verständnis einer sprachlichen Äußerung relevant.

3.2.4 Die Implikation

Die aussagenlogische Implikation unterscheidet sich vielleicht noch mehr von ihren umgangssprachlichen Entsprechungen wenn...dann, falls und z.T. und als die bisher untersuchten Verknüpfungen. Betrachten wir einige Beispiele für die Verwendung von wenn...dann in der Umgangssprache.

(1) Wenn du so weit gelaufen bist, bist du sicher müde.

(2) Wenn es regnet, wird es naß.

(3) Wenn Gunnar dicker als Olof ist, ist Olof dünner als Gunnar.

(4) Wenn du artig bist, bekommst du ein Bonbon.

In (1) und (2) steht wenn...dann für eine kausale Verbindung zwischen Vor- und Nachsatz. In (4) werden Vor- und Nachsatz durch ein Versprechen von seiten des Redners verbunden. Bei (3) läßt sich sagen, daß eine logische Konsequenz von wenn...dann ausgedrückt wird. In der Aussagenlogik möchte man die Implikationsrelation wahrheitsfunktional behandeln und hat deswegen ganz einfach festgelegt, daß eine Implikation immer dann wahr ist, wenn ihr Vorsatz falsch oder ihr Nachsatz wahr ist. Man bekommt also folgende Wahrheitstafel für die Implikation, für die wir folgendes Zeichen einführen: "→" (das vielleicht gebräuchlichere " ⊃ " wird hier vermieden, da es leicht mit dem Inklusionszeichen der Mengenlehre, "⊂", verwechselt werden kann).

(5) p   q   p → q

    w   w   w
    w   f   f
    f   w   w
    f   f   w

Diese wahrheitsfunktionale Implikation wird gewöhnlich materiale Implikation genannt; es zeigt sich, daß sie nur dann falsch ist, wenn ihr Vorsatz wahr ist und ihr Nachsatz falsch ist. Wie verhält sich nun dazu der Gebrauch von wenn...dann?

Ein Fall ist unproblematisch: Ein wenn...dann-Satz ist, genau wie $p \to q$, falsch, wenn sein Vorsatz wahr und sein Nachsatz falsch ist, vgl. (6):

(6) Wenn Washington die Hauptstadt der USA ist, dann ist Washington größer als New York.

Man könnte die Meinung vertreten, daß eine Implikation wahr sein muß, wenn Vor- und Nachsatz wahr sind, z.B. wie in (3). Indessen wird für das wenn...dann der Umgangssprache mehr gefordert, nämlich daß die Sätze in einer bestimmten Beziehung zueinander stehen, z.B. logischer Konsequenz, kausaler Beziehung o.dgl. Betrachten wir folgenden Satz:

(7) Wenn Kennedy Präsident war, ist Kohl ein Gemüse.

Hier sind Vor- und Nachsatz nicht durch eine dieser Beziehungen miteinander verbunden; jedoch sind beide wahr, und da die Wahrheitswerte das einzige sind, das bei der wahrheitsfunktionalen Definition einer Verknüpfung eine Rolle spielen darf, muß (7) den selben Status erhalten wie andere wenn...dann-Sätze, in denen Vor- und Nachsatz außer ihrer gemeinsamen Wahrheit noch in anderen Beziehungen zueinander stehen.

Schlimmere Probleme treten auf, wenn der Vorsatz einer Implikation nicht wahr ist. Als Illustration folgende Wette:

(8) Wenn es morgen regnet, wette ich, daß der Ausflug ausfällt.

Wenn die Bedingung des Regnens nicht erfüllt wird, verliert die Wette ihre Gültigkeit. Auf gleiche Weise scheint es sich mit Aussagesätzen zu verhalten.

(9) Wenn Hunde Fische sind, dann können sie schwimmen.

In diesem Fall scheint es sinnlos zu sein, sich über den Wahrheitswert der Implikation auszulassen, da der Vorsatz falsch ist.

Aber es gibt andere Beispiele - sog. kontrafaktische Sätze (engl. counterfactuals) -, bei denen zwar der Vorsatz feststehendermaßen falsch ist, es jedoch Gründe dafür gibt, daß der Nachsatz wahr sein könnte, wenn der Vorsatz es wäre.

(10) Wenn ich unsichtbar wäre, könnte niemand mich sehen.

(11) Wenn ich unsichtbar wäre, könnten alle mich sehen.

Sowohl (10) als auch (11) würden als $p \to q$ analysiert werden, wobei wir annehmen, daß p falsch ist. Aber trotzdem würden wir wahrscheinlich behaupten wollen, daß nur (10) ein wahrer Satz ist. Aber bei materialer Implikation sind (10) und (11) gleichermaßen wahr, da wir annehmen, daß der Vorsatz jeweils falsch ist.

(12) Wenn Karl XII Däne war, war er begabt.

(13) Wenn Karl XII Däne war, war er nicht begabt.

Obwohl (12) und (13) das Gegenteil zu behaupten scheinen, müssen beide trotzdem als wahr betrachtet werden, wenn wir Vor- und Nachsatz durch materiale Implikation verknüpfen, da beider Vorsatz falsch ist.

Es läßt sich jedoch zeigen, daß die materiale Implikation nicht vollkommen sinnlos definiert ist, und zwar mithilfe von Ausdrücken, die mit ihr laut Wahrheitstafel äquivalent sind. Ein Beispiel ist $\sim p \vee q$. Wenn wir die Wahrheitstafel für die Implikation betrachten, sehen wir, daß sie wahr ist, wenn der Nachsatz wahr oder der Vorsatz falsch ist. Das ist genau das, was $\sim p \vee q$ ausdrückt: Vorsatz falsch oder Nachsatz wahr. Der Leser kann sich selbst mithilfe der Wahrheitstafel-Methode überzeugen, daß $\sim p \vee q$ letzten Endes genau die gleiche Tafel erhält wie $p \rightarrow q$.

Wenn wir nun zwei Sätze hernehmen, die einander auf die gleiche Weise entsprechen wie $p \rightarrow q$ und $\sim p \vee q$, dann müßten, wenn die Festlegung der Wahrheitswerte korrekt ist, die zwei Sätze als das Gleiche aussagend empfunden werden. (14) und (15) scheinen dieser Forderung zu entsprechen und damit die aufgestellten Wahrheitstafeln zu rechtfertigen.

(14) Wenn ich mich recht erinnere, dann schulde ich dir 10 DM.

(15) Entweder erinnere ich mich falsch, oder ich schulde dir 10 DM.

Auch die Implikation läßt sich mithilfe des Begriffes "Wahrheitsmenge" mengentheoretisch darstellen, allerdings sieht das Diagramm ein bißchen komplizierter aus als für die bisher behandelten Verknüpfungen. $\underline{A}$ und $\underline{B}$ sind wieder Wahrheitsmengen für $\underline{p}$ bzw. $\underline{q}$, die schraffierte Fläche ist Wahrheitsmenge für $p \rightarrow q$. Der Leser prüfe als Übung, ob das Diagramm mit der Wahrheitstafel für die Implikation übereinstimmt.

Fig. 12

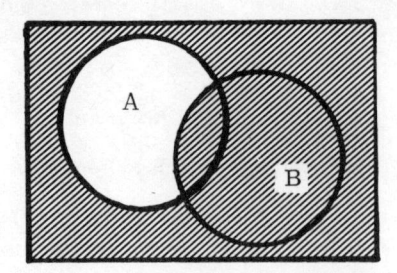

3.2.5 Die Äquivalenz

In der Umgangssprache wird die Äquivalenz meist durch <u>dann und nur dann, wenn</u>, <u>genau dann wenn</u> ausgedrückt. Da sie in unserer Logik wahrheitsfunktional ist, treten z. T. die gleichen Probleme auf, wie bei der materialen Implikation. Kurzgefaßt läßt sich jedoch sagen, daß die aussagenlogische Äquivalenz eine materiale Implikation ist, die sowohl "nach rechts" wie "nach links" gilt, also von Vorsatz zu Nachsatz und von Nachsatz zu Vorsatz.

Wir können den Unterschied zwischen Äquivalenz und Implikation durch folgendes Beispiel klarmachen:

(1) Lieschen schafft das Abitur, wenn ihre schriftlichen Arbeiten ausreichend sind.

(2) Lieschen schafft das Abitur dann und nur dann, wenn ihre schriftlichen Arbeiten ausreichend sind.

In (1) sind ausreichende schriftliche Arbeiten eine hinreichende aber nicht notwendige Bedingung dafür, daß Lieschen das Abitur schafft. Zu anderen hinreichenden Bedingungen könnte z.B. ihr Eindruck beim Mündlichen zählen. In (2) ist jedoch das Resultat "ausreichend" ihrer schriftlichen Arbeiten hinreichende wie notwendige Bedingung zur Erlangung des begehrten Diploms.

Da die Äquivalenz als eine Konjunktion von zwei Implikationen zu betrachten ist, bekommen wir für sie folgende Wahrheitstafel (logisches Zeichen: $\equiv$; auch "$\leftrightarrow$" ist gebräuchlich)

(3)

p	q	$p \equiv q$
w	w	w
w	f	f
f	w	f
f	f	w

Die Äquivalenz ist also wahr, wenn die verknüpften Sätze den gleichen Wahrheitswert haben. Wenn wir die Äquivalenz als Konjunktion von zwei materialen Implikationen ansehen, verstehen wir, warum das der Fall ist.

(4) $(p \rightarrow q)$ & $(q \rightarrow p)$

Wir wissen, daß zur Wahrheit einer Konjunktion die Wahrheit aller ihrer Konjunkte erforderlich ist. Damit diese Bedingung erfüllt sein kann, müssen entweder sowohl <u>p</u> wie <u>q</u> wahr sein oder beide falsch sein. Wenn sie nämlich verschiedene Wahrheitswerte haben, wird nicht die Bedingung für die Wahrheit der materialen Implikation in beiden Sätzen zugleich erfüllt (der Vorsatz darf nicht wahr sein und zugleich der Nachsatz falsch); letzteres ist aber notwendig, damit die Konjunktion wahr ist.

Auch für die Äquivalenz sieht das Wahrheitsmengen-Diagramm etwas komplizierter aus. Die Wahrheitsmenge für p ≡ q ist wieder die schraffierte Fläche, A und B sind die Wahrheitsmengen für p und q.

Fig. 13

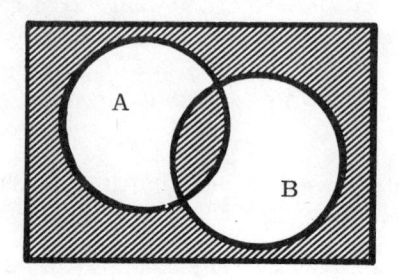

3.3 Markierung der Konstituentenstruktur

In der Logik ist es, ebenso wie in der Linguistik, von Bedeutung, daß man angeben kann, wie ein sprachlicher Ausdruck strukturiert ist, was zusammengehört und was nicht. Es gibt mehrere verschiedene Möglichkeiten, graphisch die sprachliche Konstituentenstruktur darzustellen. Die gebräuchlichsten Formen sind Baumdiagramme, Kastendiagramme und Klammern. Sie sind formal vollkommen gleichwertig, können jedoch unterschiedliche praktische Vorteile aufweisen, z.B. Anschaulichkeit und Handlichkeit. Die Sprache der Logik bedient sich meistens der Klammern. Der Grund dafür, daß man in der Logik die Konstituentenstruktur markieren können muß, ist, daß sonst Mehrdeutigkeiten entstehen würden.

Ohne Klammerung ist der folgende Ausdruck hoffnungslos mehrdeutig:

 (1) Es schneit & es regnet → es wird naß & es wird kalt.

Mit Satzvariablen schreiben wir:

 (2) p & q → r & s

Die Frage ist, was was impliziert. Mithilfe von Klammern können wir dies unmißverständlich angeben.

 (3) (p & q) → (r & s)

oder z.B.

(4) p & (q → (r & s))

(5) p & ((q → r) & s)

Die Konstituentenstruktur, die wir in (3-5) jeweils durch Klammern markiert haben, würde mit Baum- bzw. Kastendiagramm folgendes Aussehen erhalten:

a) Baumdiagramme. Die Baumstrukturen werden erst ohne, dann mit Bezeichnung der Knoten gegeben. Die Knotenbezeichnungen werden wie folgt abgekürzt: Implikation = Impl , Konjunktion = Konj. Die Satzverknüpfung, die direkt unter dem höchsten Knoten steht, wird die Hauptverknüpfung des Satzes genannt. In Beispiel (3') ist das der Implikationspfeil.

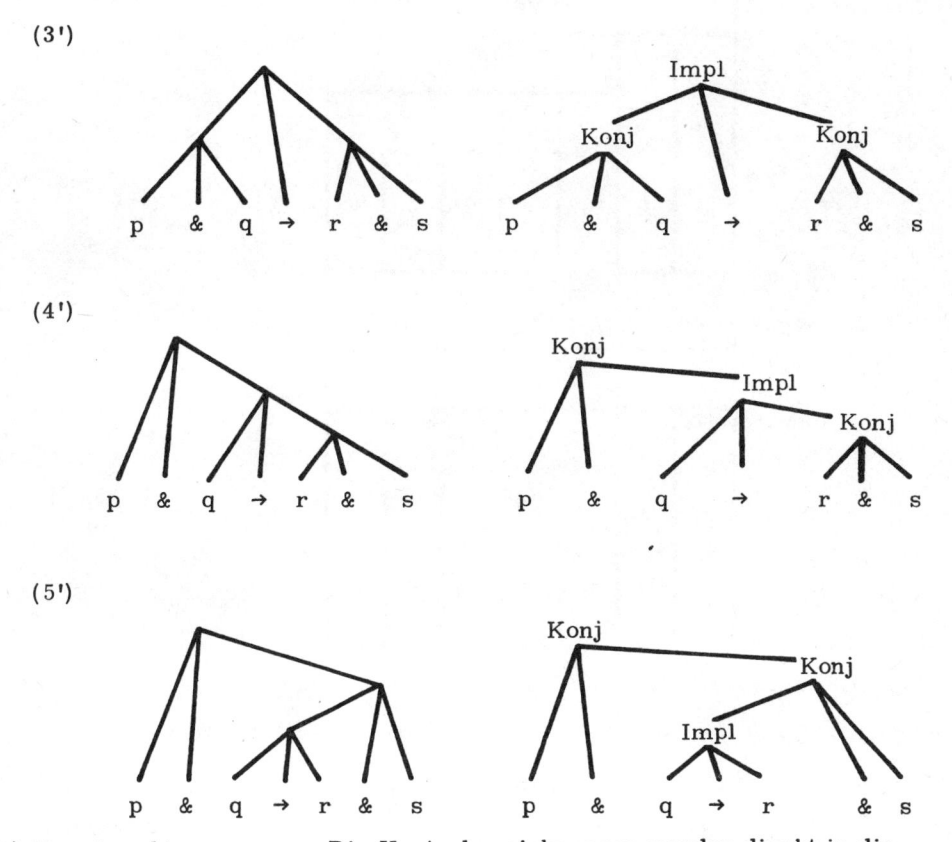

(3')

(4')

(5')

b) Kastendiagramm. Die Knotenbezeichnungen werden direkt in die Diagramme eingeführt.

(3'')

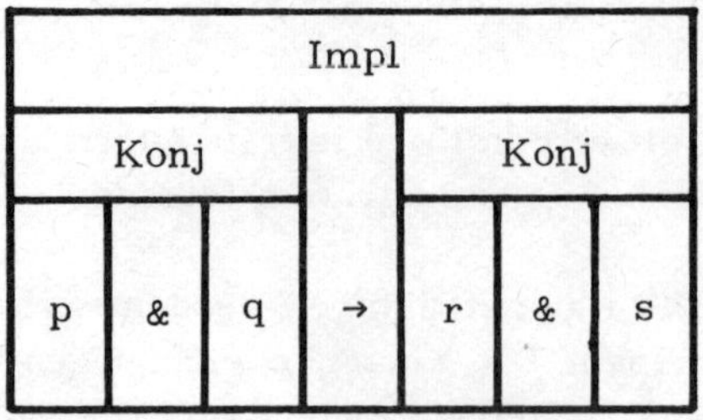
Impl
Konj
Konj
p & q → r & s

(4'')

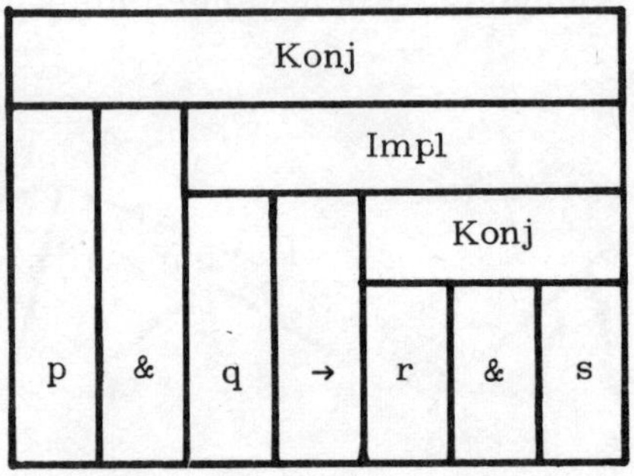
Konj
Impl
Konj
p & q → r & s

(5'')

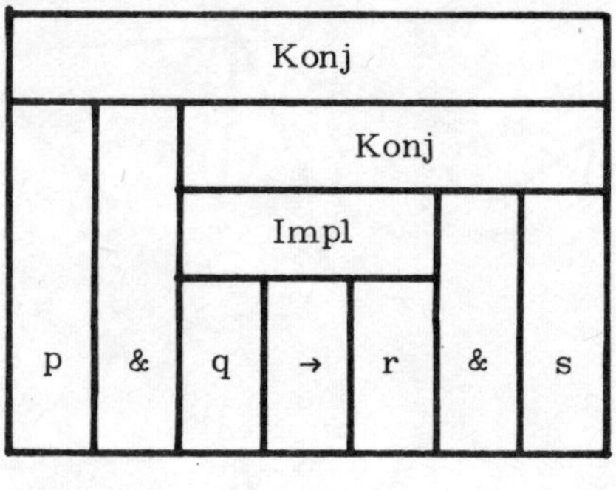
Konj
Konj
Impl
p & q → r & s

Schließlich muß erwähnt werden, daß wir natürlich auch Knotenbezeichnungen einführen können, wenn wir zur Strukturmarkierung Klammern verwenden. Wir kürzen "Konjunktion" mit K und "Implikation" mit I ab.

(3''') $(_I\ (_K\ p\&q)_K \rightarrow (_K\ r\&s)_K\ )_I$

(4''') $(_K\ p\&\ (_I\ q \rightarrow (_K\ r\&s)_K\ )_I\ )_K$

(5''') $(_K\ p\&\ (_K (_I\ q \rightarrow r)_I\ \&s)_K\ )_K$

Nach diesem Exkurs können wir feststellen, daß Klammern in der Logik in
dem Umfang verwendet werden, wie die Klarheit es erfordert. Um negierte
Ausdrücke pflegt man jedoch keine Klammern zu schreiben, da man verein-
bart hat, daß die Negation den kürzesten Wirkungsbereich oder
Skopus (engl. scope) hat, die der Satz, dem sie angehört, zuläßt. Wir
betrachten zwei Beispiele:

(6) ~p & q   (~ negiert nur p)

(7) ~(p & q) & r   (~ negiert nur (p & q))

Wie wir sehen, ist der Skopus der Negation ganz von der Konstituentenstruktur eines Ausdruckes abhängig. Was negiert ist, ist der nächstfolgende
kleinste Konstituent. Ähnliche Konventionen kann man auch für die anderen
Verknüpfungen einführen, aber sie sind dann unnötig, wenn man mit Klammern
die Satzstruktur angibt.

3.4 Syntax und Semantik für die Aussagenlogik

Wir sind nun so weit gekommen, daß wir angeben können, was die kleinsten
freien Symbole der Aussagenlogik sind. Wir können außerdem eine bestimmte
Menge Regeln angeben, die festlegen, wie diese kleinsten Symbole zu
größeren Einheiten kombiniert werden können. Die Regeln haben die Eigenschaft, genau zu definieren, welche Kombinationen zugelassen und welche
ausgeschlossen sind.

Die Liste mit den kleinsten freien Symbolen nennt man in der Logik meist
Vokabular. Es erfüllt etwa dieselbe Funktion wie ein Lexikon es für die
natürlichen Sprachen tut. Die Kombinationsregeln werden oft Formationsregeln genannt; sie können mit den grammatischen Regeln für eine
natürliche Sprache verglichen werden. Vokabular und Formationsregeln
heißen zusammen die Syntax der Logik. Die Syntax sagt etwas darüber
aus, wie Ausdrücke aufgebaut sind, jedoch nichts darüber, wie letztere zu
deuten sind, d.h. was sie bedeuten. Das wird vielmehr in der Semantik
studiert.

Eine Menge von Ausdrücken bildet zusammen mit den Regeln dafür, wie man
sie verknüpft und interpretiert, eine Sprache. Wenn man Aussagen über eine
Sprache macht, ist es nun wichtig, einen Unterschied zu machen zwischen
der Sprache selbst - der sog. Objektsprache - und der Sprache, in
welcher Aussagen über die Objektsprache formuliert werden, der Metasprache.

3.4.1 Syntax

Um die Syntax der Aussagenlogik anzugeben, fangen wir also mit Angabe des Vokabulars an.

(1)(a) Ein unendlicher Vorrat von Satzvariablen: p, q, r, s, ..., p_1, q_1, ..., p_2, q_2, ...

(b) Logische Verknüpfungen: ~, &, v, →, ≡.

(c) Klammern:), (

Diese und keine anderen Zeichen sollen in der Aussagenlogik vorkommen.

Außerdem werden wir angeben, welche Zeichenkombinationen zugelassene Ausdrücke sind (dafür sagt man meistens: **wohlgeformte Ausdrücke**, engl. **well-formed formula**). Wir geben also die Formationsregeln der Aussagenlogik an:

(2)(a) Jede Satzvariable ist ein wohlgeformter Ausdruck.

(b) Sind α und β beliebige wohlgeformte Ausdrücke, dann sind (i) ~α, (ii) (α & β), (iii) (α v β), (iv) (α → β) und (v) (α ≡ β) gleichfalls wohlgeformte Ausdrücke.

(c) Ein Ausdruck ist nur dann wohlgeformt, wenn er durch Anwendung der obenstehenden Regeln konstruiert werden kann.

In Regel (2b) haben wir kleine griechische Buchstaben α, β, ... anstelle der vielleicht erwarteten Zeichen für Satzvariablen verwendet. Das tun wir, um deutlich zu machen, daß wir hier nicht nur über einfache Sätze sprechen, sondern über beliebige wohlgeformte Ausdrücke der Aussagenlogik.

Alles, was ein wohlgeformter Ausdruck ist, kann also für α oder β eingesetzt werden. Regel (2b) kann daher auf ihre eigenen Ergebnisse angewendet werden. Angenommen, wir haben zwei Sätze p und q, laut (2a) zwei wohlgeformte Ausdrücke. Regel (2b) erlaubt uns nun, (p & q) zu bilden. Darauf können wir wiederum Regel (2b) anwenden und erhalten ((p & q) & q). Für α wird dabei (p & q) eingesetzt, was ein wohlgeformter Ausdruck ist. Wir können auf diese Weise durch wiederholt angewendete Regeln beliebig lange und komplexe Ausdrücke herstellen. Regeln, die diese Eigenschaft haben, werden **rekursiv** genannt; in etwas anderer Form haben sie in der generativen Grammatik eine große Rolle gespielt.

Noch eine Bemerkung zu den Klammern, die in diesem Kapitel vielleicht reichlicher als gewohnt verwendet werden: Da sie uns die Eindeutigkeit des Aufbaus der Ausdrücke garantieren - vgl. Kap. 3.3 -, müssen sie zusammen mit den Regeln in (2b) eingeführt werden; im übrigen folgen wir nun wieder der Konvention, Klammern um einen nicht weiter verknüpften Ausdruck als überflüssig anzusehen und zu streichen. Folgende Ausdrücke sind dann z.B. nach unseren Regeln wohlgeformt: p, q, p & q, (p & q) → q, p ∨ q, (p & q) ≡ (p ∨ q). Folgende Ausdrücke sind z.B. nicht wohlgeformt: & q, ∨ r → p, q ∼ → p.

Die Regeln (1) und (2) sind äquivalent mit einer "Grammatik" folgenden Aussehens:

$$(3)(a) \quad S \longrightarrow \begin{Bmatrix} \sim S \\ (S \,\&\, S) \\ (S \vee S) \\ (S \rightarrow S) \\ (S \equiv S) \end{Bmatrix}$$

(b) $\quad S \longrightarrow p, q, r, s, \ldots p_1, q_1, \ldots p_2, q_2 \ldots$

(3) ist ein Beispiel für das, was in der generativen Grammatik **Phrasenstrukturgrammatik** genannt wird. Da Regel (2c) in einer solchen Grammatik stets eine stillschweigend gemachte Konvention ist, stellt (3a, b) eine alternativ mögliche Beschreibung der Syntax der Aussagenlogik dar.

3.4.2 Semantik

3.4.2.1 Als wir die Syntax der Aussagenlogik formulierten, haben wir alle Zeichen als "leer", als ohne Bedeutung, betrachtet. Aber wir sind natürlich sehr wohl daran interessiert, die Logik dafür zu verwenden, Schlüsse über die uns umgebene Welt zu ziehen. In dem Augenblick, in dem wir die Zeichen, mit denen wir uns beschäftigen, mit anderen Erscheinungen in Verbindung bringen, für die sie Zeichen sind, haben wir den Schritt von der Syntax zur Semantik vollzogen. Semantik ist das Studium der Beziehungen zwischen von der Syntax zugelassenen Ausdrücken und dem, wovon sie handeln.

Da wir in der Logik Aussagen untersuchen, sind es die Bedeutungen von Aussagen, die wir studieren möchten. Eine der besten Möglichkeiten, die Bedeutung eines Satzes zu verstehen, ist, sich vorzustellen, wie die Welt aussehen muß, damit der Satz wahr ist.

(1) Baron Münchhausen zog sich an seinem eigenen Haarschopf selbst aus dem Sumpf.

Daß man sich (1) schwer vorstellen kann, liegt eben daran, daß man sich schwer vorstellen kann, wie die Welt aussehen muß, damit (1) wahr ist.

Durch den Begriff "Wahrheit" haben wir also ein schönes Instrument an die Hand bekommen, um die Relation zwischen Sätzen und dem, was sie ausdrücken, in den Griff zu bekommen. Einen wichtigen Teil der Bedeutung eines Satzes können wir charakterisieren, indem wir die Bedingungen formulieren, die die Welt erfüllen muß, damit der betr. Satz wahr wird (mit anderen Worten, wir geben an, in welchen Welten er wahr ist). Diese Bedingungen heißen die Wahrheitsbedingungen des Satzes. Die Logik unterscheidet nicht zwischen den Wahrheitsbedingungen eines Satzes und seiner Bedeutung. Wenn das auch heißt, daß man eine Reihe Bedeutungsmomente ausklammert, ist dieses Vorgehen doch für die Zielsetzung der Logik voll ausreichend, da man nur an den Bedeutungsaspekten interessiert ist, die eine Rolle für logische Wahrheit und logische Schlüsse spielen.

Da die Aussagenlogik einfache Sätze als unanalysierte Ganzheiten behandelt, können wir innerhalb der Semantik der Aussagenlogik nichts über die Wahrheitsbedingungen solcher Sätze aussagen. Dagegen können wir einiges darüber aussagen, wie die Wahrheitsbedingungen komplexer Sätze mit den Sätzen zusammenhängen, aus denen letztere bestehen.

Genauer ist man in der Aussagenlogik an der Frage interessiert, wie der Wahrheitswert komplexer Sätze von den Wahrheitswerten der verknüpften Sätze und der Wahl der Verknüpfung abhängig sind. In diesem Fall kann man von der Betrachtung aller Eigenschaften der verknüpften Sätze außer ihrem Wahrheitswert absehen. Wenn man Ausdrücke der Aussagenlogik studiert, pflegt man deswegen ganz einfach jeder Satzvariablen beliebig einen bestimmten Wahrheitswert zuzuordnen. (Man kann auch die Satzvariablen durch richtige Sätze ersetzen und sich überlegen, was sie für Wahrheitswerte besitzen).

Ausgehend von den Wahrheitstafeln oben können wir nun die Wahrheitsbedingungen für komplexe Sätze formulieren: Zuvor noch folgende Bemerkungen: Wir gebrauchen wie im vorigen Kapitel griechische Buchstaben α, β, ... für beliebige syntaktisch wohlgeformte Ausdrücke, was bedeutet, daß auch unsere Wahrheitsbedingungen rekursiv sind; gdw. ist Abkürzung für "genau dann, wenn" und zu unterscheiden von der Äquivalenz ($\equiv$). Letzteres Zeichen gehört der Syntax der Aussagenlogik an, dem sprachlichen System, das wir hier untersuchen, also unserer Objektsprache. Gdw. ist jedoch ein Bestandteil der Metasprache. Während wir für die Objektsprache strenge Formationsregeln gegeben haben, formalisieren wir die Metasprache (hier) nicht, sondern bedienen uns im großen und ganzen der natürlichen Sprache (Deutsch). Es ist klar, daß schon wegen diesem Unterschied Objekt- und Metasprache streng

getrennt werden müssen, also auch die beiden Symbole ≡ und gdw.[1]
Folgendermaßen geben wir nun rekursiv die Wahrheitsbedingungen für komplexe Ausdrücke der Aussagenlogik an:

(2)(a) $\sim \alpha$ ist wahr gdw. α falsch ist.

(b) $\alpha \, \& \, \beta$ ist wahr gdw. sowohl α wie β wahr ist.

(c) $\alpha \vee \beta$ ist wahr gdw. wenigstens einer der Ausdrücke α und β wahr ist.

(d) $\alpha \to \beta$ ist wahr gdw. α falsch ist oder β wahr ist.

(e) $\alpha \equiv \beta$ ist wahr gdw. α und β den gleichen Wahrheitswert haben.

3.4.2.2 Mithilfe dieser Wahrheitsbedingungen können wir nun den Wahrheitswert für beliebig komplexe Ausdrücke ausrechnen. Studieren wir zwei Beispiele:

(3) $(p \, \& \, (q \vee p)) \to ((p \vee r) \, \& \, q)$

Das erste, was zu tun ist, ist, den Satzvariablen Wahrheitswerte zuzuordnen; das läßt sich bewerkstelligen, indem jede Variable gegen eine Behauptung ausgetauscht wird. Wir nehmen an, daß das geschehen ist und daß den Variablen folgende Wahrheitswerte zugeteilt werden können: Satz p sei wahr, die Sätze q und r falsch.

Wir betrachten das Beispiel in Form einer umgedrehten Baumstruktur, um zu sehen, wie die Wahrheitswerte der Satzvariablen den Wert des gesamten komplexen Ausdruckes bestimmen.

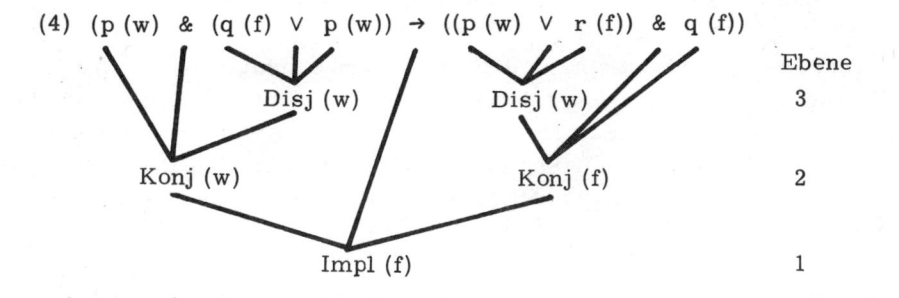

(4) $(p(w) \, \& \, (q(f) \vee p(w)) \to ((p(w) \vee r(f)) \, \& \, q(f))$

```
                    Disj (w)              Disj (w)           Ebene 3

         Konj (w)                    Konj (f)                      2

                         Impl (f)                                  1
```

---

[1] Um diese Unterscheidung deutlich zu machen, sind auch im laufenden Text Ausdrücke der jeweiligen Objektsprache graphisch hervorgehoben - so hier z.B. in (2) die Ausdrücke der Logik - Syntax, in Kap. 1 Ausdrücke der Mengenlehre, und an vielen Stellen auch Ausdrücke natürlicher Sprachen, soweit sie als Objektsprache fungieren.

Die Disjunktionen auf Ebene 3 sind beide wahr, da in beiden Fällen mindestens eins der Disjunkte wahr ist. Auf Ebene 2 ist nur die erste Konjunktion wahr, da dort die beiden Konjunkte (eines selbst ein komplexer Ausdruck) wahr sind. Die andere Konjunktion ist dagegen falsch, da eins ihrer Konjunkte falsch ist.

Die Implikation auf Ebene 1 ist gleichfalls falsch, da ihr Vorsatz wahr und ihr Nachsatz falsch ist. Als Wahrheitswert des komplexen Ausdruckes ergibt sich also f. Zu beachten ist, daß wir bei der Berechnung des Wahrheitswertes des komplexen Ausdruckes uns sozusagen von innen nach außen vorarbeiten. Wir beginnen mit den am tiefsten eingebetteten und kleinsten Konstituenten, um mit den größten aufzuhören. Die innersten Klammern also zuerst! (Vgl. die zyklischen Regeln in generativer Syntax und Phonologie).

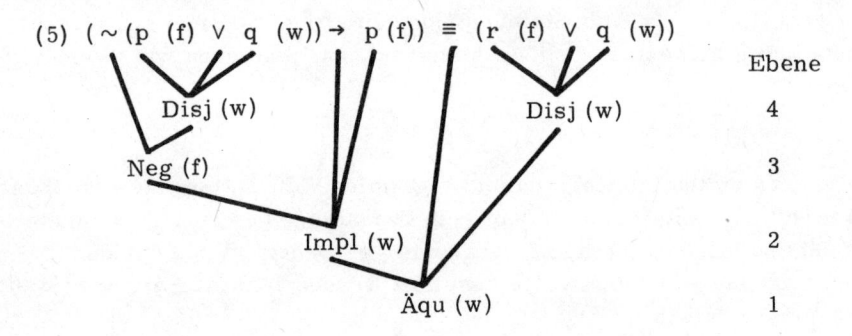

```
(5)  (~ (p (f) V  q (w)) → p (f)) ≡ (r (f) V  q (w))

              Disj (w)                    Disj (w)          Ebene
                                                              4
         Neg (f)                                              3

                     Impl (w)                                 2

                            Äqu (w)                           1
```

Den Sätzen p und r ist hier der Wahrheitswert f zugeteilt worden, während q den Wert w erhält.

3.5   Tautologien   und   Kontradiktionen

Von besonderem Interesse sind in der Logik solche komplexen Ausdrücke, die den Wahrheitswert w unabhängig davon erhalten, welche Werte die einfachen (atomaren) Ausdrücke des Satzes erhalten. Den Wahrheitswert eines solchen Ausdruckes kann man als ganz von den wahrheitsfunktionalen Eigenschaften der Verknüpfungen bestimmt ansehen, d.h. von der logischen Form des Ausdrucks.

Komplexe Sätze der Aussagenlogik, die unabhängig von den Wahrheitswerten der atomaren Sätze stets w oder f als Wert des gesamten Ausdrucks erhalten, werden gewöhnlich Tautologien bzw. Kontradiktionen genannt. "Tautologie" ist nicht synonym mit "logischer Wahrheit", sondern eine Bezeichnung für eine Teilmenge der logischen Wahrheiten, nämlich für solche logischen Wahrheiten, die in der Aussagenlogik behandelt werden. Auf die gleiche Weise ist "analytische Wahrheit" ein umfassenderer Begriff als "logische Wahrheit".

Ein sehr einfaches Beispiel für einen Satz, der eine Tautologie ist, erhalten wir, indem wir einen Satz disjunktiv mit seiner eigenen Negation verbinden.

(1) $p \vee \sim p$ (es regnet oder es regnet nicht)

Welchen Wahrheitswert wir auch p zuteilen, wir erhalten stets den Wert w, und welchen Satz wir auch immer für p einsetzen, der ganze Ausdruck ist immer ein logisch wahrer Satz. Eine andere Weise, das auszudrücken, wäre, zu sagen: "Wie sehr wir auch die Welt verändern, ist es stets wahr, daß entweder der Mond ein grüner Käse ist oder daß er das nicht ist." M.a.W., die Wahrheitsmenge einer Tautologie ist stets die Menge aller möglichen Welten (die Allmenge). Wir können z.B. leicht einsehen, daß die Menge der Welten, in denen $p \vee \sim p$ wahr ist, das Gleiche wie die Vereinigung der Welten, in denen p wahr ist, und der Welten, in denen $\sim p$ wahr ist, was das Gleiche ist wie die Menge aller Welten. Generell gilt, daß die Wahrheitsmenge einer Tautologie die Allmenge ist, die Wahrheitsmenge einer Kontradiktion die leere Menge.

3.6 Wahrheitstafeln

3.6.1 Praktisch wäre es, wenn man mithilfe einer mechanischen Methode entscheiden könnte, ob ein Satz eine logische Wahrheit ist oder nicht. Eine solche Methode gibt es in der Aussagenlogik. Es ist die sog. Wahrheitstafelmethode.

Wir haben sie schon teilweise kennengelernt, als wir die wahrheitsfunktionalen Eigenschaften von Verknüpfungen untersuchten. Wir werden jetzt sehen, wie sie auf komplexe Sätze mit mehreren verschiedenen Verknüpfungen angewendet wird.

Das Ziel der Methode ist es, Tautologien auszusondern, also die Sätze, die wahr sind, mit welchen Wahrheitswerten auch immer ihre einfachen Sätze belegt sind. Was wir tun, ist deswegen ganz einfach das, daß wir den Wahrheitswert des betreffenden komplexen Satzes für jede mögliche Kombination von Wahrheitswerten für die einfachen Sätze untersuchen. Haben wir einen komplexen Satz $p \vee \sim p$ mit einer Satzvariablen p, dann gibt es zwei Möglichkeiten: p kann wahr oder falsch sein. Für die Negation von p gilt dann, daß sie falsch bzw. wahr sein muß. Eine Disjunktion von p und dessen Negation muß deswegen stets wahr sein. In Tabellenform schreiben wir:

(1) p   ~p   p ∨ ~p

    w   f   w
    f   w   w

Bei zwei Satzvariablen gibt es vier Möglichkeiten, bei drei Variablen acht Möglichkeiten usw. (Allgemein 2^n Möglichkeiten, wobei n die Anzahl der verschiedenen Satzvariablen ist).

Wir studieren zwei Beispiele:

(2) (p & q) → p

p	q	p & q	p	(p & q) → p
w	w	w	w	w
w	f	f	w	w
f	w	f	f	w
f	f	f	f	w

Welche Wahrheitswerte wir immer p und q in (2) zuteilen, so wird (2) wahr. Wir haben also eine Tautologie.

(3) (p & q) → (p ∨ r)

p	q	r	p & q	p ∨ r	(p & q) → (p ∨ r)
w	w	w	w	w	w
w	w	f	w	w	w
w	f	w	f	w	w
w	f	f	f	w	w
f	w	w	f	w	w
f	w	f	f	f	w
f	f	w	f	w	w
f	f	f	f	f	w

Wieder haben wir eine Tautologie, da das Resultat für alle möglichen Kombinationen von Wahrheitswerten der Wert w ist.

Nicht alle Sätze der Aussagenlogik sind indessen Tautologien:

(4) ~p → (p ∨ q)

p	q	~p	p ∨ q	~p → (p ∨ q)
w	w	f	w	w
w	f	f	w	w
f	w	w	w	w
f	f	w	f	f

(4) ist weder Kontradiktion noch Tautologie, sondern ein synthetischer Satz, dessen Wahrheit davon abhängig ist, wie die Welt aussieht. Das Charakteristische bei einem synthetischen Satz ist also die Mischung von w und f in der letzten Säule der Tabelle.

(5) ~(p → (p ∨ q))

p q	p ∨ q	p → (p ∨ q)	~(p → (p ∨ q))
w w	w	w	f
w f	w	w	f
f w	w	w	f
f f	f	w	f

(5) ist dagegen eine Kontradiktion. Für alle möglichen Kombinationen von Wahrheitswerten ergibt sich ein schließlicher Wert f.

Kontradiktionen vom Typ des Beispiels (5) illustrieren das Verhältnis zwischen Kontradiktion und Tautologie. p → (p ∨ q) ist offensichtlich eine Tautologie, während ~(p → (p ∨ q)) eine Kontradiktion ist. Indem wir eine Tautologie negieren, erhalten wir also eine Kontradiktion, ebenso wie wir durch Negierung einer Kontradiktion eine Tautologie erhalten.

Die logische Form eines Satzes, die also in der Aussagenlogik auf den wahrheitsfunktionalen Eigenschaften der verwendeten Verknüpfungen aufgebaut ist, kann man mit einer Maschine vergleichen, in die man die Wahrheitswerte der verwendeten atomaren Ausdrücke eingibt, und die einen Wahrheitswert für den ganzen Satz liefert. Erhält man w, egal welche Wahrheitswerte man eingegeben hat, ist der Satz eine Tautologie.

Daß die logische Form diese maschinenähnliche Eigenschaft hat, hängt also damit zusammen, daß jede aussagenlogische Verknüpfung auf eine spezifische Weise die Wahrheitswerte der einfachen Sätze zum Wahrheitswert des ganzen Satzes in Beziehung bringt. Die in der Aussagenlogik untersuchten strukturellen Relationen zwischen Sätzen sind also solche Relationen, die zwischen Sätzen im Hinblick auf deren Wahrheitswerte bestehen. Was jede Satzverknüpfung eigentlich tut, ist, daß sie für jede Kombination von Wahrheitswerten bestimmt, was der Wahrheitswert des komplexen Ausdrucks ist, der durch die Kombination geschaffen wird. Die Wahrheitswerte, die der komplexe Satz annehmen kann, sind durch die endlich vielen Wahrheitswertkombinationen für die atomaren Sätze eindeutig bestimmt.

In der Terminologie, die wir in dem Kapitel über Mengenlehre eingeführt haben, können wir deswegen sagen, daß die Verknüpfungen Funktionen bezeichnen, die einen oder mehrere Wahrheitswerte auf genau einen Wahrheitswert abbilden. Wir verstehen nun, warum sie als "Wahrheitsfunktionen" bezeichnet werden.

3.6.2 Wie der Leser vielleicht bemerkt hat, haben wir außer in Beispiel (3) die Wahrheitswerte nur von Sätzen mit nicht mehr als zwei Variablen berechnet. Der Grund ist, daß die Wahrheitswertkombinationen sich schnell vermehren, sobald die Anzahl der verschiedenen Satzvariablen steigt; es ergibt sich dann ein langwieriger Rechenprozeß. Man bedient sich deswegen zum Nachweis einer Tautologie häufig eines sog. i n d i r e k t e n B e w e i s e s.

Ein indirekter Beweis hat folgendes Aussehen. Wir nehmen an, daß der zu untersuchende Ausdruck den Wert $\underline{f}$ für seine Hauptverknüpfung annimmt. Wenn diese Annahme n i c h t zu einem Widerspruch führt, wissen wir, daß wir es nicht mit einer Tautologie zu tun haben. Eine Tautologie zeichnet sich ja gerade dadurch aus, daß sie für jede Belegung der atomaren Ausdrücke mit Wahrheitswerten den Wert $\underline{w}$ annimmt. Daher, wenn es überhaupt möglich ist, den untersuchten Ausdruck den Wert $\underline{f}$ annehmen zu lassen, kann der betreffende Ausdruck keine Tautologie sein. Führt das Annehmen von $\underline{f}$ dagegen zu einem Widerspruch, haben wir eine Tautologie.

Haben wir gezeigt, daß ein bestimmter Ausdruck den Wert $\underline{f}$ haben kann, ohne daß ein Widerspruch entsteht, können wir nicht sagen, ob dieser Ausdruck eine Kontradiktion oder ein synthetischer Satz ist. Das spielt jedoch oft keine Rolle, da das primäre Interesse der Logik meist der Frage gilt, ob ein Satz eine Tautologie ist oder nicht.

Betrachten wir einige Beispiele für indirekten Beweis. Ist (6) eine Tautologie?

```
(6)        ((p ∨ q) & r) → p
 1                        f
 2              w         f
 3              w    w
 4         f    w
```

Auf Ebene 1 nehmen wir für die Hauptverknüpfung, die Implikation, den Wert $\underline{f}$ an. Unsere Kenntnisse der Wahrheitstafel für die Implikation sagen uns, daß letztere nur falsch sein kann, wenn ihr Vorsatz wahr und ihr Nachsatz falsch ist, daher liegen diese beiden Werte für die Ebene 2 fest. Die zwei $\underline{w}$'s auf Ebene 3 ergeben sich aus den Wahrheitsbedingungen für die Konjunktion, die auf Ebene 2 den Wert $\underline{w}$ erhielt. Eine Variable muß natürlich für eine bestimmte Belegung mit einem Wahrheitswert überall, wo sie vorkommt, den gleichen Wahrheitswert erhalten. Nun bedienen wir uns der Tatsache, daß die Disjunktion $\underline{p \vee q}$ auf Ebene 3 den Wert $\underline{w}$ erhalten hat. Nach den Wahrheitsbedingungen für die Disjunktion muß $\underline{q}$ daher den Wert $\underline{w}$ erhalten.

Die Annahme von f als Wert des Hauptzeichens führte zu keinem Widerspruch. (6) ist daher keine Tautologie.

```
(7)      ( ( ( ~ p → ~ (q ∨ r) ) & (s → r) ) & s ) → p
1                                                     f
2                                              w      f
3                                   w          w
4                        w                     w
5             f w        w                w    w
6                  f f f                              Widerspruch !
```

Wir überlassen es dem Leser, selbst die Methode in den einzelnen Schritten anzuwenden. Wir stellen hier nur abschließend fest, daß (7) offensichtlich zu einem Widerspruch führt. Wir werden, bei genauer Durchführung aller Schritte, notwendig zu dem Ergebnis geführt, daß r an einer Stelle falsch, an einer anderen wahr herauskommt. Durch diesen Widerspruch könne wir daraus schließen, daß (7) nicht ohne Schaden den Wert f annehmen kann, also eine Tautologie ist.

Was macht man mit Sätzen, deren Hauptverknüpfung nicht praktischerweise eine Implikation ist? Da man in einem solchen Fall mehrere Alternativen untersuchen muß (bei einer Konjunktion als Hauptverknüpfung z.B. drei Alternativen), ist es leichter, sich solcher Umformungsregeln zu bedienen, wie wir sie oben im Abschnitt über die Implikation kennengelernt haben; mit ihnen läßt sich jeder Ausdruck mit einer anderen Hauptverknüpfung in einen solchen mit Implikation umformen, worauf dann die Methode anwendbar ist.[1]

3.7 Übungen

1. Welcher der drei folgenden Sätze kann nicht auf dieselbe Weise wie die beiden anderen in Ausdrücke der Aussagenlogik übersetzt werden, und warum?

   (a) Karl und Fritzchen sind Alkoholiker.
   (b) Karl und Fritzchen sind Bundesbrüder.
   (c) Karl und Fritzchen fahren gerne Rad.

---

[1] Die meisten Einführungen in die Logik stellen ausführlich dar, wie man bestimmte Verknüpfungen einführen bzw. eliminieren kann. Nur als Beispiele seien hier Reichenbach § 8 ff, Lemmon, Kap. 1 und Hughes-Cresswell, Kap. 1 genannt.

2. Versuchen Sie, die folgenden Sätze in Ausdrücke der Aussagenlogik zu
   übersetzen, indem Sie Satzvariablen und Satzverknüpfungen benutzen.

   (a) Wenn es Sommer ist, ist es verflucht kalt.
   (b) Vogelbeeren sehen gut aus, sind aber sauer.
   (c) Du willst, wenn du kannst.
   (d) Er kommt heute oder morgen, aber nicht später.
   (e) Wenn es weder Gott noch den Teufel gibt, ist es schwer, religiös
       zu sein.
   (f) Wirf die Katze hinaus, oder ich gehe.

3. Geben Sie die Wahrheitswerte von folgenden komplexen Ausdrücken an, für
   die p wahr sei, q wahr sei und r falsch sei.

   (a) $\sim p$
   (b) $\sim (p \& q)$
   (c) $\sim (p \lor q)$
   (d) $p \lor (q \& r)$
   (e) $r \rightarrow ((q \& r) \lor (p \lor q))$
   (f) $r \equiv (p \& r)$

4. Welche der folgenden Ausdrücke sind Tautologien?

   (a) $\sim (p \& \sim p)$
   (b) $(p \lor q) \rightarrow p$
   (c) $\sim (p \& q) \equiv \sim p \lor \sim q$
   (d) $\sim ((p \equiv q) \equiv (p \equiv \sim q))$
   (e) $(p \rightarrow \sim q) \lor (q \rightarrow \sim p)$
   (f) $((p \equiv q) \equiv p) \equiv q$
   (g) $(p \& q) \lor (p \equiv \sim q)$
   (h) $(p \lor (q \& r)) \equiv ((p \lor q) \& (p \lor q))$

5. Ist die Konjunktion weil eine wahrheitsfunktionale Verknüpfung?
   Begründen Sie Ihre Antwort.

6. Mit **polnischer Notation** bezeichnet man eine notationelle Variante
   zu unserer Syntax. Sie hat den Vorteil, ohne Klammern auszukommen,
   und zeichnet sich dadurch aus, daß man eine Satzverknüpfung links vor
   die Sätze schreibt, die verknüpft werden sollen, statt zwischen sie. Die
   Verknüpfungen werden auf folgende Weise bezeichnet: N = Negation,
   A = Disjunktion ("Alternation"), K = Konjunktion, C = Implikation
   ("conditional"), E = Äquivalenz.
   Beispiel:

Standardnotation: Polnische Notation:

~ p   Np
p & q   Kpq
p → q   Cpq
(p → q) & p   KCpqp
(p & q) ∨ (p & r)   AKpqKpr

a) Schreiben Sie folgende Ausdrücke in polnischer Notation:

   (a) p ∨ q
   (b) ~ p ≡ q
   (c) (p ∨ q) ≡ (p & q)

b) Schreiben Sie folgende Ausdrücke in Standardnotation:

   (a) KpNq
   (b) CAKEpqrst
   (c) ECpqCNqNp

4 PRÄDIKATENLOGIK

4.1 Verfeinerung der logischen Analyse

Im vorigen Kapitel haben wir gesehen, daß wir mithilfe der Aussagenlogik entscheiden können, ob bestimmte Schlüsse und Sätze gültig oder wahr (Tautologien) sind.

In der Umgangssprache werden jedoch auch Schlüsse formuliert, die zwar korrekt aussehen, deren Status als Tautologie aber nicht aussagenlogisch gezeigt werden kann. Beispiel:

(1) Wenn alle Elche klug sind und Hugo ein Elch ist, dann ist Hugo klug.

Wenn wir diesen Satz in aussagenlogische Notation übersetzen, bekommen wir so etwas wie $(p \& q) \to r$, was, wie sich mithilfe der Wahrheitstafelmethode demonstrieren läßt, alles andere als eine Tautologie ist. Die Prädikatenlogik gibt uns dagegen ein Instrument an die Hand, mit dem wir zeigen können, daß der Schluß (1) richtig ist. Allgemein läßt sich sagen, daß wir mithilfe der Prädikatenlogik von den logischen Relationen zwischen Sätzen zu denen innerhalb eines Satzes übergehen können.

Sehen wir uns etwas genauer an, wie das zugeht. Wir beginnen mit einem einfachen Satz:

(2) Hugo ist ein Elch.

Dieser Satz sagt etwas über ein Individuum aus. Das Individuum ist Hugo, und ihm wird die Eigenschaft zuerteilt, Elch zu sein. Sätze wie diese werden häufig **Prädikationen** genannt - man prädiziert etwas (z.B. eine Eigenschaft) über ein Individuum. Auch der grammatische Terminus "Prädikat" ist mit diesem Vorgehen in etwa verwandt.

Wir können nun einige andere Sätze aufzählen, die die gleiche logische Form wie (2) haben.

(3) Chomsky ist Linguist.
    Der Kanzler ist charmant.
    Der Osten ist rot.

Mein bester Aufsatz ist ungeschrieben.
Der Bär schläft.

Die Subjekte in diesen Sätzen bezeichnen wir jeweils mit a, b, c, d, ...,
diese Symbole nennen wir Individuenkonstanten.

Die "Prädikate" der einzelnen Sätze bezeichnen wir mit Großbuchstaben
A, B, C, D, ..., diese Symbole nennen wir Prädikate (oder, um genau
zu sein, Prädikatskonstanten).

Wir können nun Satz (2) in der Sprache der Prädikatenlogik ausdrücken.
"Hugo" übersetzen wir mit h, die Eigenschaft "Elch zu sein", mit E. Das
Resultat der Übersetzung ist der folgende Ausdruck (2'), in dem das Prädikat
an erster Stelle steht:

(2') E (h)

In (2') sprechen wir von einem bestimmten Individuum, Hugo, und einer bestimmten Eigenschaft, Elch zu sein, und behaupten, daß Hugo ein Elch ist.
Wir können auch folgenden Ausdruck bilden

(2'') E (x)

in welchem x nicht eine Individuenkonstante, sondern eine Individuenvariable ist, was bedeutet, daß x nicht für ein spezielles Individuum,
sondern für ein beliebiges Individuum steht. E (x) ist deswegen auch an sich
kein Satz, sondern ein Satzschema, worüber mehr im Kapitel 4.3.

Wir können einen Schritt weiter gehen und den Ausdruck

(2''') Φ (x)

bilden, in dem außer einer Individuenvariablen auch eine Prädikatsvariable Φ (der griech. Buchstabe "Phi") auftritt, die entsprechend nicht für
eine bestimmte Eigenschaft, sondern eine beliebige Eigenschaft steht.[1]

Individuenvariablen und -konstanten werden unter der Bezeichnung
Individuenterme zusammengefaßt. Auf gleiche Weise gehören Prädikatsvariablen und -konstanten zusammen zur Menge der Prädikatsterme.

Alle Ausdrücke unter (2) und die Sätze unter (3) haben die gleiche Struktur
oder logische Form. Sie bestehen aus einem Prädikatsterm (P) gefolgt von
einem Individuenterm (t). Sie haben also die logische Form

(4) P (t)

---

1 Dazu Genaueres in Kap. 4.6

Nicht alle Sätze haben diese einfache Form. So haben z.B. die Sätze in (5) die logische Form $\underline{P\ (t_1,\ t_2)}$.

(5) Christina bereitet die Revolution vor.
Sten liebt Inge.

In diesen Sätzen haben wir also Prädikate, die zwei **Argumente** haben. Mit dem Terminus **Argument** bezeichnen wir das, was ungefähr Subjekt und Objekt der Grammatik entspricht, genauer: die Individuenterme, die ein Prädikat verlangt. Je nachdem, wieviele Argumente ein Prädikat verlangt, spricht man von seiner **Stelligkeit**. In (3) kommen nur einstellige Prädikate vor, in (5) nur zweistellige. Allgemein ist beliebige Stelligkeit denk- und schreibbar:

$P\ (t)$	einstelliges Prädikat
$P\ (t_1,\ t_2)$	zweistelliges "
$P\ (t_1,\ t_2,\ t_3)$	dreistelliges "
$P\ (t_1,\ t_2,\ t_3,\ t_4)$	vierstelliges "
$P\ (t_1,\ t_2,\ \ldots\ t_n)$	$\underline{n}$-stelliges "

Es folgen einige Sätze, die in den prädikatenlogischen Ausdruck $\underline{F\ (a,\ b,\ c)}$ übersetzt werden können, d.h. ein dreistelliges Prädikat enthalten:

(6) Jack gab Jill den Apfel.
Der Förster zeigte den Wandern einen Vogel.
Uli besorgte den Burschen Whisky.

In den bisherigen Beispielen entsprach das Prädikat der logischen Ausdrücke in etwa dem, was das grammatische Prädikat der Sätze der Umgangssprache war. Im allgemeinen ist jedoch für den Logiker diese Übereinstimmung nicht verbindlich. Man kann z.B. einen sehr komplexen Ausdruck wie "ißt sonntags morgens Haferbrei zwischen zehn und elf" oder "ist ein langhaariger Linguist, der am Zusammenhang zwischen Modallogik und Dialektologie interessiert ist" als Prädikat eines Ausdrucks der Prädikatenlogik ansehen. Ebenso können wir eines unserer früheren Beispiele, z.B. <u>Christina bereitet die Revolution vor</u>, statt als $\underline{F\ (a,\ b)}$ (zweistelliges Prädikat) als $\underline{F\ (a)}$ analysieren, wenn wir nämlich durch $\underline{F}$ übersetzen "bereitet die Revolution vor".

Vom linguistischen Standpunkt her ist es jedoch wünschenswert, die Struktur der prädikatenlogischen Ausdrücke so genau wie möglich die grammatische Struktur widerspiegeln zu lassen; für den eben genannten Fall heißt das, nicht ohne Not ein einstelliges Prädikat einem zweistelligen vorzuziehen.

4.2 Formale Eigenschaften von Relationen

4.2.1 Reflexivität, Symmetrie und Transitivität

Die Aufgabe der zwei- und mehrstelligen Prädikate ist, grob gesprochen, Relationen zwischen Objekten zu bezeichnen; diese lassen sich in verschiedene Typen einteilen. Man nimmt die Einteilung danach vor, welche formalen Eigenschaften man den Relationen zuschreiben kann. Wir werden nun einige Eigenschaften zweistelliger Relationen betrachten, nämlich Reflexivität, Symmetrie und Transitivität.

Wenn für alle Individuen gilt, daß sie in einer Relation $\underline{R}$ zu sich selbst stehen, dann ist $\underline{R}$ reflexiv. Relationen, die nicht reflexiv sind, werden nicht-reflexiv genannt. Unter den nicht-reflexiven Relationen zeichnen sich die irreflexiven aus, für die gilt, daß ein Individuum niemals in der betr. Relation zu sich selbst stehen kann.

Also, $\underline{R}$ ist reflexiv, wenn für alle $\underline{x}$ gilt:

$R(x, x)$

$\underline{R}$ ist irreflexiv, wenn für alle $\underline{x}$ gilt:

$\sim R(x, x)$

Beispiele für reflexive Relationen sind "ebensogroß wie", "identisch mit"; irreflexive Relationen sind z.B. "größer als", "abgetrennt von". Eine nicht-reflexive Relation ist etwa "zufrieden mit".

Z.B. gilt für beliebige Personen, ja für alle Körper mit räumlicher Ausdehnung, daß sie ebensogroß wie sie selbst sind.
Wenn eine Relation $\underline{R}$ immer, wenn sie zwischen $\underline{x}$ und $\underline{y}$ gilt, auch zwischen $\underline{y}$ und $\underline{x}$, also in umgekehrter Richtung, gilt, wird die Relation symmetrisch genannt. Wenn sie niemals in umgekehrter Richtung gilt, wird sie asymmetrisch genannt.

Ist $\underline{R}$ also symmetrisch, dann gilt für alle $\underline{x}$, $\underline{y}$:

$R(x, y) \rightarrow R(y, x)$

Ist R asymmetrisch, gilt entsprechend:

$R(x, y) \rightarrow \sim R(y, x)$

Symmetrisch sind die Relationen "Geschwister von", "ist begegnet", während "größer als" und "Vater von" asymmetrisch sind.

Wenn Brandt Parteigenosse von Schmidt ist, dann muß der Fall sein, daß Schmidt Parteigenosse von Brandt ist. Das zeigt, daß die Relation "Parteigenosse von" symmetrisch ist.

Asymmetrische Relationen sowie Relationen, die nicht symmetrisch sind - also alle Relationen, wo $R(x, y)$ gelten kann, ohne daß $R(y, x)$ gilt, - werden nicht-symmetrisch genannt, z.B. "Bruder von" (Beispiel: Fritz ist Bruder von Maria).

Transitiv ist eine Relation, wenn sie stets zwischen zwei Individuen x und z herrscht, wenn sie einerseits zwischen x und y und andererseits zwischen y und z herrscht. Wenn das nie der Fall ist, dann ist die Relation intransitiv.

R ist also transitiv, wenn für alle x, y, z gilt:

$$R(x, y) \& R(y, z) \rightarrow R(x, z)$$

R ist intransitiv, wenn für alle x, y, z gilt:

$$R(x, y) \& R(y, z) \rightarrow \sim R(x, z)$$

"Größer als", "Vorfahre von" und "älter als" sind Beispiele für transitive Relationen, während "Vater von" und "folgt direkt auf" intransitiv sind.

Wenn Schmidt charmanter als Brandt und Brandt seinerseits charmanter als Wehner ist, dann muß Schmidt charmanter als Wehner sein. Das zeigt, daß die Relation "charmanter als" transitiv ist. Offenbar sind alle Relationen vom Typ "x-er als", wo x für eine beliebige Eigenschaft steht, transitiv. Diese Relationen werden oft als Ordnungsrelationen bezeichnet.

Intransitive Relationen und solche Relationen, für die nicht für alle x, y, z gilt, daß $R(x, y) \& R(y, z) \rightarrow R(x, z)$, werden nicht-transitiv genannt. Beispiele sind "liebt" und "Vetter von".

4.2.2 Konverse Relationen

Eine Relation heißt die Konverse (oder konverse Relation zu) einer anderen Relation, wenn gilt, daß wenn x in der ersten Relation zu y steht, y in der zweiten Relation zu x steht. Beispiele sind "Kind von" und "Elter von". Wenn Fritzchen Kind von Lisa ist, muß Lisa Elter von Fritzchen sein. "Kind von" ist also die Konverse zur Relation "Elter von". Die Konverse zu einer Relation R kann mit $\check{R}$ bezeichnet werden. Wenn K also "Kind von" und E "Elter von" bezeichnet, können wir also schreiben $E = \check{K}$.

4.2.3 Ein- und Mehrdeutigkeit

Man kann auch die Relationen nach ihrer Ein- und Mehrdeutigkeit an bestimmten Stellen unterscheiden. Betrachten wir die Relationen "Vater von" und "Bruder von". Ein bestimmtes Individuum kann mehr als einen Bruder, aber nur einen Vater haben. Mit anderen Worten, für jedes Individuum y gibt es normalerweise nicht mehr als ein x derart, daß x Vater von y ist. Dagegen können viele Personen denselben Vater haben, und viele Personen eine bestimmte Person, aber nicht nur diese, als Bruder. Eine Relation vom Typ "Vater von" heißt ein-mehrdeutig, eine solche vom Typ "Bruder von" mehr-mehrdeutig. Es gibt auch mehr-eindeutige und ein-eindeutige Relationen. Wenn eine Relation mehr-eindeutig ist, gibt es für jedes x höchstens ein y derart, daß die Relation zwischen x und y gilt; es gelten also die umgekehrten Verhältnisse wie bei der ein-mehrdeutigen Relation. Ein Beispiel ist "vollzeitbeschäftigt bei". Eine bestimmte Person kann nur bei einem Unternehmen vollzeitbeschäftigt sein, aber ein und dasselbe Unternehmen kann mehrere Personen als Vollzeitbeschäftigte haben.

Ein Beispiel für eine ein-eindeutige Relation ist "Ehefrau von" (in einer monogamen Gesellschaft). Ein Mann kann nur eine Ehefrau haben, und eine Frau kann nur Ehefrau eines Mannes sein. Hier gilt also die Eindeutigkeit in beiden Richtungen.

Hier einige Diagramme, die die Begriffe etwas klarer machen können:

Fig. 14

  Ein-mehrdeutig

  Beispiel: "Vater von"

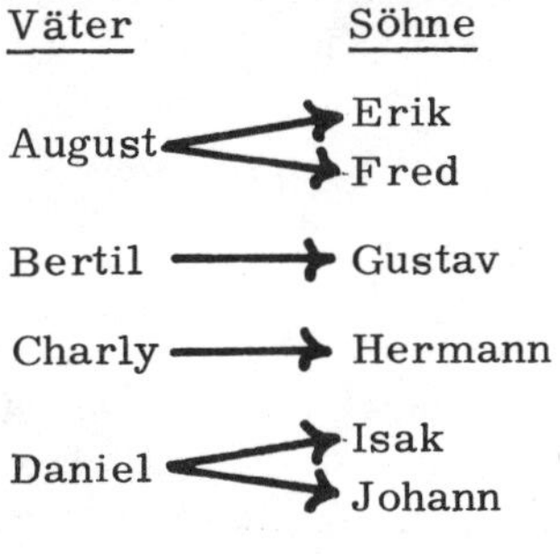

  Väter   Söhne

  August ⟶ Erik
            ⟶ Fred

  Bertil ⟶ Gustav

  Charly ⟶ Hermann

  Daniel ⟶ Isak
          ⟶ Johann

Fig. 15

  Mehr-mehrdeutig

  Beispiel: "schreibt Briefe an"

  Peter ⟶ Donald
  Patrick ⟶ Jonas

Fig. 16   Fig. 17

   Mehr-eindeutig   Ein-eindeutig

   Beispiel: "ist vollzeitbeschäftigt   Beispiel: "Ehefrau von"
   bei"

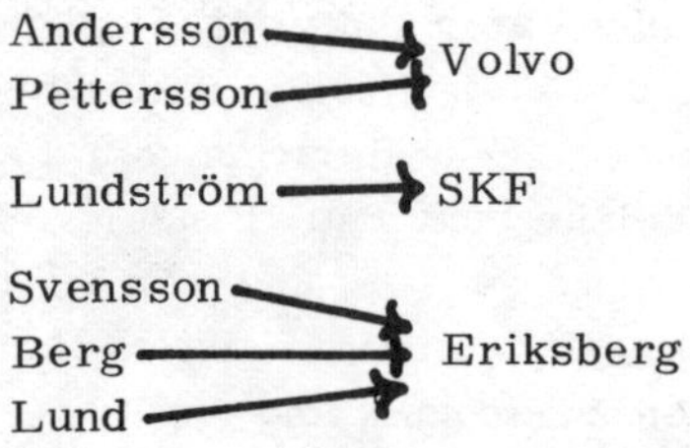

   Andersson ⟶ Volvo   Christiane ⟶ Uli
   Pettersson ⟶   Doris   ⟶ Christian
   Lundström ⟶ SKF   Harriet   ⟶ Walter
   Svensson   Ursula   ⟶ Max
   Berg   ⟶ Eriksberg
   Lund   ⟶

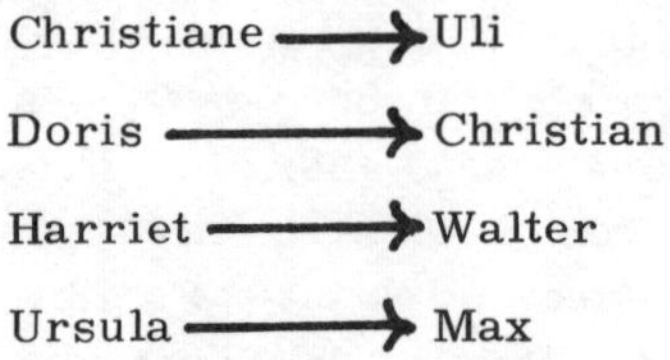

Diese Überlegungen erinnern uns an den oben eingeführten Begriff "Funktion".
Tatsächlich lassen sich Funktionen als Relationen mit einer bestimmten
Eigenschaft auffassen, nämlich der, an der letzten Stelle eindeutig zu sein.
Eine einstellige Funktion ist dann eine zweistellige Relation vom Typ "mehr-
eindeutig" oder "ein-eindeutig". Die zweite Stelle der Relation entspricht
dann dem Wert der einstelligen Funktion. Beispiel: die zweistellige mehr-
eindeutige Relation "ist vollzeitbeschäftigt bei" läßt sich auch darstellen als
einstellige Funktion "wo x vollzeitbeschäftigt ist", deren Wert für x =
Andersson "Volvo" ist, für x = Svensson "Eriksberg". (Vgl. auch oben Fig.
16).

4.3   Quantoren

Wir betrachten nun wieden den Satz

   (1) Alle Elche sind klug.

Wenn wir diesen Satz als normale Prädikaten analog zu Sätzen in vorigen
Abschnitten betrachten würden, würden wir folgendes erhalten:

   (2) K (alle Elche),

auf die gleiche Weise wie wir

   (3) K (Hugo)

haben. Aber während wir wissen, wer Hugo ist, wissen wir nicht, wer "alle
Elche" sind. Was (1) uns eigentlich sagt, ist, daß wenn man einen Elch aus-
findig macht, man findet, daß er klug ist. Ebenso könnte man sagen: nimm
einen beliebigen Elch, und du findest, daß er klug ist.

Um Sätze wie (1) formalisieren zu können, müssen wir eine neue logische Konstante einführen: einen Quantor. Er soll "alle" oder "für alle ... gilt" bedeuten und wird ∀ geschrieben.

Für einen Satz wie Heraklits Alles fließt erhalten wir dann die Übersetzung

(4) ∀ x F (x),

was zu lesen ist: "für alle x gilt, daß x fließt". (1) kann jetzt repräsentiert werden als

(5) ∀ x (E (x) → K (x))

Entsprechende Sätze der Umgangssprache:

(6)(i)   für alle x gilt, daß wenn x ein Elch ist, dann ist x klug.
(ii)   für alles gilt, daß, wenn es ein Elch ist, es klug ist.
(iii)   wenn etwas ein Elch ist, ist es auch klug.
(iv)   alle Elche sind klug.

Um zu erkennen, wie Ausdrücke dieser Art aufgebaut sind, ist es wichtig, den Begriff "Variable" verstanden zu haben. Das x in ∀ x kann für ein beliebiges Objekt des Universums stehen, es variiert über alle Objekte. Man kann auch sagen: sein Variationsbereich (engl. range) umfaßt alle Objekte des Universums.

Um den Unterschied zwischen einfachen Sätzen wie F (h) (Hugo fließt) und quantifizierten Sätzen wie ∀ x F (x) (Alle fließt) zu verdeutlichen, führen wir den Begriff Satzschema oder Satzfunktion ein. (Vgl. oben Kap. 4.1). Ein Satzschema ist ein Ausdruck des Typs

(7) F (x)   (zu lesen: "x fließt").

Da x eine Variable ist und nicht auf ein bestimmtes Individuum referiert, können wir nicht sinnvoll behaupten, daß F (x) eine Proposition ausdrückt oder eine Behauptung darstellt. Von einem Satzschema läßt sich nicht sagen, daß es wahr oder falsch ist, im Unterschied zu einem Satz wie Hugo fließt, der einen Wahrheitswert besitzt. Was sollen wir auf eine Frage wie "ist es wahr, daß x fließt?" antworten? Das einzige, was wir sagen können, ist: "Es kommt darauf an, wer x ist". Wenn x auf die Wolga refertiert, ist F (x) wahr, aber wenn x auf den Stadtrat Müller refertiert, ist F (x) normalerweise falsch. Wir sagen auch, daß die Wolga das Satzschema F (x) erfüllt, während Stadtrat Müller das nicht tut. Zu sagen, daß die Wolga (w) das Satzschema F (x) erfüllt, bedeutet das gleiche, wie wenn man sagt, daß F (w) ein wahrer Satz ist. Wenn entsprechend Müller (m) das gleiche Satzschema nicht erfüllt, läßt sich gleichermaßen sagen, daß F (m) falsch ist. Eine Möglichkeit, aus einem Satzschema einen Satz zu machen, ist also, verschiedene Werte für die Variable im Schema einzusetzen.[1] Eine andere Weise, einen Satz aus einem Satzschema herzustellen, ist, einen Quantor, gefolgt von einer Variablen, vor das Satzschema zu setzen.

 (8) ∀x F (x)   (zu lesen: "Alles fließt")

Dieser quantifizierte Satz sagt, daß alle Objekte des Universums das Satzschema F (x) erfüllen. Wenn es ein Objekt im Universum geben würde, z.B. a, das das Satzschema nicht erfüllen würde, dann wäre die Behauptung, daß "alles fließt", falsch. Wenn also F (a) ein falscher Satz ist, hat das zur Folge, daß der quantifizierte Satz ∀x F (x) falsch ist, vorausgesetzt, daß das von a bezeichnete Individuum Element des Universums ist.

Zu beachten ist, daß wir über Satzschemata quantifizieren, nicht über Sätze. Über Sätze zu quantifizieren, läßt lediglich Seltsamkeiten entstehen:

 (9) ∀x F (h)   "Für alle x gilt, daß Hugo fließt".

Nicht nur atomare Sätze können aus Satzschemata aufgebaut werden. Wir können von folgendem Satzschema ausgehen:

 (10) E (x) → K (x) "Wenn x Elch ist, dann ist x klug".

Indem wir eine Klammer um den ganzen Ausdruck setzen und davor einen Quantor über die Variable x schreiben, erhalten wir einen Satz.

 (11) ∀x (E (x) → K (x))

Wichtig ist, nicht zu vergessen, daß wir zwar ein beliebiges Objekt für x herausgreifen können, daß es aber in jedem Fall dasselbe x ist, das wir mit E (x) und K (x) meinen, wenn beide Ausdrücke wie in (11) in der gleichen Klammer stehen. Wir sagen, daß in (11) das x in E (x) und K (x) von dem Quantor ∀ **gebunden** wird.

Der **Wirkungsbereich** oder die **Reichweite** (der **Skopus**) eines Quantors ist der Bereich der Klammer, die direkt dem Quantor folgt. (Vgl. die Überlegungen zum Wirkungsbereich innerhalb der Aussagenlogik oben Kap. 3.3).

Eine Variable, die von einem Quantor gebunden wird, wird **gebundene Variable** genannt. Variablen, die nicht gebunden sind, heißen **frei**, z.B. das letzte x in (12).

---

[1] Der Terminus "Satzfunktion" wird jetzt verständlich: die Individuen lassen sich als Argumente einer Funktion ansehen, die Sätze als Wert hat.

(12) ∀x (F (x) → L (x)) & K (x)

Dagegen ist die entsprechende Variable in (13) gebunden.

(13) ∀x (F (x) → L (x) & K (x))

Das heißt, daß der Wert von x in K (x) in (12) unabhängig von dem Wert derjenigen x ist, die in der Klammer stehen. Das gilt jedoch nicht für den anderen Ausdruck. In (12) kann K (x) durch K (y) ersetzt werden, ohne daß sich die Bedeutung des Ausdrucks ändert. Diese Ersetzung ist in (13) nicht möglich. Ausdrücke wie (12), die freie Variablen enthalten, sind Satzschemata, keine Sätze.

Innerhalb des Wirkungsbereichs eines Quantors steht ein und dieselbe Variable immer für das gleiche Objekt.

In natürlichen Sprachen sind außer dem Allquantor ∀ eine Reihe anderer Quantoren üblich, im Deutschen z.B. ein, einige, mehrere, verschiedene, viele sowie die Menge der Zahlwörter. Die gesamte grammatische Kategorie der indefiniten Pronomina kann vom logischen Standpunkt aus als Quantoren angesehen werden.

In der Logik begnügt man sich meistens mit zwei Quantoren. Diese zeichnen sich einerseits dadurch aus, daß sie wesentlich für mathematische Überlegungen sind, andererseits sind ihre logischen Eigenschaften relativ unkompliziert. Der erste von beiden ist der bereits besprochene Allquantor.

Der andere Quantor, mit dem man in der Logik zu operieren pflegt, ist der sog. Existenzquantor ∃; um eine Vorstellung davon zu vermitteln, was er bedeutet, seien wieder einige Sätze gegeben, die in logische Ausdrücke mit Existenzquantoren übersetzt werden.

(14) Jemand ist klug.   ∃x K (x)
   Es gibt ein Einhorn.   ∃x Ei (x)
   Ein Mädchen wiegt mehr als Ricky.   ∃x (M (x) & W (x, r))

Wie man sieht, kann ∃ verschiedene Ausdrücke des Deutschen repräsentieren. Die beste Art, ∃x in einer Formel zu lesen, ist "es gibt ein x derart, daß" oder "es gilt für mindestens ein x, daß". Dieser Quantor sagt, daß es mindestens ein Objekt im Universum gibt, das das folgende Satzschema erfüllt.

Unsere beiden Quantoren funktionieren auf etwas unterschiedliche Weise. Eine Sache, die meistens Schwierigkeiten macht, wenn man mit Logik anfängt, ist die Art und Weise, wie man Sätze wie (15) und (16) repräsentieren soll.

(15) Alle Mädchen sind hübsch.   ∀x (M (x) → H (x))

(16) Einige Mädchen sind hübsch. $\exists x \ (M(x) \& H(x))$

Zwischen "Subjekt" und "Prädikat" stehen hier zwei verschiedene Verknüpfungen, im ersten Fall Implikation, im zweiten Fall Konjunktion. Das sieht auf den ersten Blick seltsam aus, aber wir können leicht sehen, daß Fehler entstünden, wenn wir die Verknüpfungen vertauschten. Wenn wir eine Konjunktion in (15) einsetzen, erhalten wir

(17) $\forall x \ (M(x) \& H(x))$

was zu lesen ist: "für alle $\underline{x}$ gilt, daß $\underline{x}$ ein Mädchen ist und daß $\underline{x}$ hübsch ist". Das würde bedeuten, daß alle Dinge überhaupt hübsche Mädchen sind, was ja nicht der Fall ist.

Wenn wir andererseits eine Implikation in (16) einsetzen, erhalten wir

(18) $\exists x \ (M(x) \rightarrow H(x))$

d.h. "es gibt ein $\underline{x}$, derart daß wenn $\underline{x}$ ein Mädchen ist, dann ist $\underline{x}$ hübsch". Das ist bestimmt wahr (es braucht nur etwas zu existieren, das $\underline{\text{nicht}}$ ein Mädchen ist, damit (18) wahr ist - vgl. die Wahrheitsbedingungen für die materielle Implikation -), aber es ist nicht das, was wir sagen wollten.

Eigentlich beruht das Problem darauf, daß die Prädikatenlogik hier nicht die Struktur natürlicher Sprachen auf eine Weise widerspiegelt, wie man es vielleicht gerne haben wollte. Die Repräsentationen, die man von (15) und (16) in der Prädikatenlogik erhalten kann, sind also nur eine Art Notlösung. Eine bessere Formalisierung wäre etwas in der folgenden Art:

(19) $\forall x \atop M x$ $H(x)$ "für alle Mädchen $\underline{x}$ gilt, daß $\underline{x}$ hübsch ist".

(20) $\exists x \atop M x$ $H(x)$ "für ein Mädchen $\underline{x}$ gilt, daß $\underline{x}$ hübsch ist".

Hier lassen wir den Ausdruck, der unter dem Quantor steht, dessen Variationsbereich, in diesem Fall "Mädchen" angeben. Der Variationsbereich gibt an, welches Universum wir für den betreffenden Ausdruck haben. Noch besser wäre es, folgendes zu schreiben:

(21) $\forall x \atop x \in M$ $H(x)$

oder, komprimierter, $\underline{\forall x \in M \ \ H(x)}$, wo $\underline{M}$ für die Menge aller Mädchen steht. In der normalen Prädikatenlogik wird der Variationsbereich oder das Universum meist sozusagen stillschweigend vorausgesetzt.

In der gleichen Formel können mehrere Quantoren auftreten, z.B.

(22) ∀x ∃y ∀z   R (x, y, z)

(natürlich sind für die verschiedenen Quantoren verschiedene Variablen zu verwenden).

Es ist nicht bedeutungslos, in welcher Anordnung die Quantoren aufeinander folgen, da das für ihren jeweiligen Wirkungsbereich ausschlaggebend ist. Vgl. die zwei Ausdrücke (23) und (24), in denen V (y, x) steht für "y ist Vater von x".

(23) ∀x ∃y   V (y, x)   "für alle x gilt, daß es ein y gibt, derart, daß y Vater von x ist".

(24) ∃y ∀x   V (y, x)   "es gibt ein y derart, daß für alle x gilt, daß y Vater von x ist".

Wenn wir das versuchsweise in der Umgangssprache auszudrücken versuchen, dann bedeutet (23) "Alle haben einen Vater" und (24) "Jemand ist der Vater von allen". Wenn man also den Existenzquantor zuerst auftreten läßt, erhält man die Bedeutung, daß es ein bestimmtes Objekt gibt, von dem das, was folgt, gilt. Wenn dagegen der Existenzquantor einem Allquantor folgt, bekommen wir eine Aussage derart, daß es für jedes Individuum etwas gibt, z.B. daß es für jeden Menschen einen Vater gibt. Der Existenzquantor steht dann im Wirkungsbereich des Allquantors.

Unterschiede in Bezug auf Wirkungsbereich oder Skopus sind von gewissem linguistischen Interesse. Bestimmte Sätze, wie z.B. <u>Alle lieben jemanden</u> besitzen nämlich Ambiguitäten, die darauf zurückgehen, daß man den in ihnen enthaltenen Quantoren verschiedene Wirkungsbereiche geben kann, die bei Übersetzung in Ausdrücke der Logik sichtbar werden.

(25) ∃x ∀y   L (y, x)   "es gibt jemanden, den alle lieben".

(26) ∀y ∃x   L (y, x)   "alle haben jemanden, den sie lieben" oder "ein jeder hat jemanden, den er liebt".

4.4   Zusammenfassung der Syntax der Prädikatenlogik

Wie schon betont, hat die Syntax die Aufgabe, die Menge der wohlgeformten Ausdrücke zu definieren. In diesem Heft haben wir Aussagenlogik und Prädikatenlogik getrennt behandelt; es ist jedoch einleuchtend, daß die Prädikatenlogik die Aussagenlogik auf gewisse Weise enthält. Damit ist folgendes gemeint: in der Sprache der Prädikatenlogik haben wir aus den Gründen, die wir in Kap. 4.1 intuitiv dargestellt haben (Verfeinerung der logischen Analyse) nicht mehr die unanalysierten Satzvariablen p, q, r, ..., sondern Ausdrücke, die aus Individuen- und Prädikatstermen zusammengesetzt sind. Es sollen hier keine "gemischten" Ausdrücke wie $\forall x\ (F(x)\ \&\ p)$ zugelassen werden; insofern kann man nicht sagen, daß die Sprache der Prädikatenlogik die der Aussagenlogik enthält. Erstere enthält aber alle Regeln zum Aufbau komplexer Ausdrücke, die auch für die letztere gelten, daher die Ähnlichkeit der Regel (2g) unten mit der entsprechenden Regel (2b) aus Kap. 3.4.1, aber eben mit dem Unterschied, daß tatsächlich in (2g) hier von wohlgeformten Ausdrücken der Prädikatenlogik die Rede ist.

Zunächst geben wir eine Liste der Kategorien der prädikatenlogischen Objektsprache:

(1)(a) Individuenkonstanten   a, b, c, d, ...
   (b) Individuenvariablen   x, y, z, ...
   (c) Prädikatskonstanten   A, B, C, ...
   (d) Prädikatsvariablen[1] Φ, X, Ψ, ...
   (e) Quantoren $\exists$, $\forall$
   (f) Klammern   ), (
   (g) logische Verknüpfungen $\sim$, &, $\vee$, $\rightarrow$, $\equiv$

Aus diesem Vokabular soll die Sprache der Prädikatenlogik aufgebaut sein. Wie für den rekursiven Aufbau der Aussagenlogik-Syntax führen wir wieder sog. Metavariablen $\underline{\alpha}$, $\underline{\beta}$, ... ein, um über beliebige wohlgeformte Ausdrücke unserer Objektsprache reden zu können. Weitere Metavariablen seien: $\underline{P}$ für beliebige Prädikatsterme, $\underline{t}_1$, $\underline{t}_2$, ..., $\underline{t}_n$, ... für beliebige verschiedene Individuenterme.

Wohlgeformte Ausdrücke der Prädikatenlogik sollen nun die folgenden sein:

(2)(a) Wenn $\underline{t}$ ein Individuenterm (Konstante oder Variable) ist und $\underline{P}$ ein einstelliger Prädikatsterm, dann ist $\underline{P\ (t)}$ ein wohlgeformter Ausdruck.

   (b) Wenn $\underline{t}_1$ und $\underline{t}_2$ Individuenterme sind und $\underline{P}$ ein zweistelliger Prädikatsterm ist, dann ist $\underline{P\ (t_1, t_2)}$ ein wohlgeformter Ausdruck.

   (c) Wenn $\underline{t}_1$, $\underline{t}_2$, ... $\underline{t}_n$ Individuenterme sind und $\underline{P}$ ein n-stelliger Prädikatsterm ist, dann ist $\underline{P\ (t_1, t_2, ... t_n)}$ ein wohlgeformter Ausdruck.

   (d) Wenn $\underline{x}$ eine Individuenvariable ist und $\underline{\alpha}$ ein wohlgeformter Ausdruck, in dem $\underline{x}$ frei vorkommt, dann ist $\underline{\exists x\ \alpha}$ ein wohlgeformter Ausdruck.

---

[1] Diese Kategorie wird der Vollständigkeit halber schon hier aufgeführt. Für eine (informelle) Behandlung vgl. unten Kap. 4.6.

(e) Wenn x eine Individuenvariable ist und α ein wohlgeformter Ausdruck, in dem x frei vorkommt, dann ist ∀ x α ein wohlgeformter Ausdruck.

(f) Ein wohlgeformter Ausdruck ohne freie Variablen ist ein Satz.

Man beachte den Unterschied zwischen Sätzen und wohlgeformten Ausdrücken (neben Sätzen sind auch Satzschemata wohlgeformte Ausdrücke).

Alle Sätze und Satzschemata, die ohne die logischen Verknüpfungen gebildet werden, sollen so aufgebaut werden, wie oben spezifiziert. Im allgemeinen werden Ausdrücke, die nach den Regeln (2a-c) aufgebaut sind, "einfach" oder "atomar" genannt (wir haben damit nun übrigens eine Konkretisierung dieses Begriffs, der in Kap. 2.6 intuitiv beschrieben wurde), während durch Quantifizierung bereits "komplexe Ausdrücke" entstehen, vgl. (2d, e). Weitere komplexe Ausdrücke erhält man durch Anwendung der logischen Verknüpfungen. Es läßt sich dafür nun - "wohlgeformt" als "prädikatenlogisch wohlgeformt" verstanden - die Regel (2g) hinzufügen, die der Regel (2b) aus der Syntax der Aussagenlogik entspricht:

(2)(g) Sind α und β wohlgeformte Ausdrücke, dann sind (i) ∼α, (ii) (α & β), (iii) (α ∨ β), (iv) (α → β) und (v) (α ≡ β) gleichfalls wohlgeformte Ausdrücke.

Als letztes legen wir, wie in Kap. 3.4.1 (2c), fest, daß die und nur die durch (2a-e, g) spezifizierten Ausdrücke wohlgeformt sein sollen.

4.5 Semantik

Zu wissen, was ein Satz bedeutet, heißt - wie wir schon betont haben -, daß man sagen kann, ob er in einer bestimmten möglichen Welt wahr oder falsch ist. Beispielsweise kann jemand, der des Deutschen mächtig ist, sagen, ob der Satz Es regnet in einer möglichen Welt wahr ist, wenn er Zugang dazu hat, wie diese Welt aussieht. Von diesen Prinzipien geht die logische Semantik aus. Das ist jedoch noch nicht genug - wir müssen auch wissen, wie die einzelnen Terme der Sprache zu den Dingen der Welt in Beziehung stehen. Um zu wissen, ob der Satz Peterchen ist rothaarig in einer bestimmten Welt wahr ist, müssen wir wissen, auf welches Individuum Peterchen referiert. Wenn wir eine Sprache aufgebaut haben und festlegen, wie jeder Ausdruck der Sprache zu den Dingen einer bestimmten Welt in Beziehung gesetzt werden soll, erhalten wir eine Interpretation unserer Sprache. Der den Linguisten interessierende Gedanke ist nun, ob und in welchem Umfang eine Interpretation für natürliche Sprachen möglich ist, wobei sich zwei Wege andeuten: Entweder man interpretiert natürliche Sprache direkt oder man

übersetzt sie in eine formale Sprache, die dann ihrerseits interpretiert wird.[1]
Die folgende Beschäftigung mit der Prädikatenlogik ist also entweder ein
vereinfachter Analogfall oder eine Skizze dessen, was mit der formalen
Sprache geschehen muß, in die die betreffende natürliche Sprache übersetzt
worden ist.

Sehr vereinfacht läßt sich sagen, daß eine Interpretation die Sprache zur
aktualen oder einer vorstellbaren Welt in Beziehung setzt, indem sie die
Extensionen der Ausdrücke der Sprache festlegt, also die Objekte aus der
betreffenden Welt, die die Ausdrücke bezeichnen.

Wir beginnen mit den Individuenkonstanten. Hier soll es zunächst keine
Schwierigkeiten geben: jeder Individuenkonstante entspreche ein Objekt der
Welt. Als Beispiel nehmen wir eine Sprache, die Individuenkonstanten von
a bis h enthält und eine mögliche Welt mit einer entsprechenden Anzahl
Individuen:

(1)   a - Albert   e - Erod
      b - Bernd   f - Franz
      c - Curt   g - Gustav
      d - Dante   h - Hugo

Die konstruierte Welt enthalte nichts anderes als diese acht Individuen. Wir
haben also in der Sprache Namen für alle Individuen der gedachten Welt, was
bequem ist, jedoch oft (in komplizierteren Welten) praktisch undurchführbar
ist. In solchen Situationen wird die Semantik für die Sprache problematischer,
da man nicht über die Individuen sprechen kann, für die man keine Namen
hat; aber wir werden uns hierauf nicht weiter einlassen.

Nachdem wir so die Extension der Individuenkonstanten bestimmt haben, gehen
wir zu Prädikaten über. Mit der Extension eines einstelligen Prädikats meinen
wir die Menge der Individuen, für die das Prädikat gilt. Die Extension eines
zweistelligen Prädikats ist eine Menge von geordneten Paaren und die Extension eines n-stelligen Prädikates eine Menge von geordneten n-Tupeln.

Wir führen zwei Prädikate für unsere Sprache ein, E für "Elch" und K für
"klug". Die folgenden Listen geben also die Extensionen dieser Prädikate an:

(2)   E: { Albert, Curt, Erod, Gustav, Hugo }
      K: { Albert, Erod, Gustav, Hugo, Bernd, Franz }

Die Interpretation, die wir nun festgelegt haben, kann auf folgende Weise durch

---

[1] Beide Wege sind in den Arbeiten von R. Montague eingeschlagen worden,
der erste in Montague (1970), der zweite in Montague (1972) und (1973).

ein Mengendiagramm verdeutlicht werden:

Fig. 18

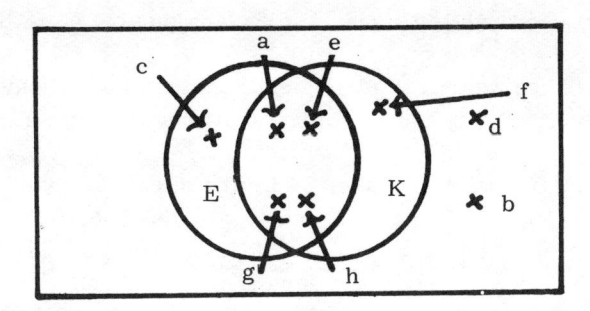

Wir greifen nun einige Sätze heraus und prüfen, welchen Wahrheitswert sie in der Interpretation bekommen.

(3) E (b)   "Bernd ist ein Elch"   falsch
    K (a)   "Albert ist klug"   wahr
    K (g)   "Gustav ist klug"   wahr
    E (e)   "Erod ist ein Elch"   wahr
    K (d)   "Dante ist klug"   falsch

Das Prinzip, wonach einer dieser Sätze wahr oder falsch ist, ist einfach; generell können wir die Wahrheitsbedingung folgendermaßen ausdrücken:

(4) Ein Satz der Form $P(t)$ ist wahr in einer beliebigen Interpretation I, dann und nur dann, wenn das Objekt, das I dem Individuenterm t zugeordnet hat, ein Element der Menge von Objekten ist, die I dem Prädikat P zugeordnet hat.

Also ist z.B. $F(a)$ wahr gdw. das Objekt, das durch a bezeichnet wird, Element der Extension von F ist.

Prüfen wir ein paar andere, etwas kompliziertere Sätze in unserer Interpretation:

(5)(a) $\exists x\ E(x)$ "Es gibt einen Elch" oder "Jemand ist Elch":   wahr
  (b) $\sim\exists x\ K(x)$ "Es gibt nicht jemanden, der klug ist":   falsch
  (c) $\sim\exists x\ E(x)$ "Niemand ist Elch":   falsch
  (d) $\exists x \sim K(x)$ "Jemand ist nicht klug":   wahr
  (e) $\exists x\ (E(x)\ \&\ K(x))$ "Jemand ist sowohl Elch wie klug":   wahr

Das Prinzip hier ist, daß ein Satz $\exists x\ F(x)$ genau dann wahr in einer Interpretation I ist, wenn F laut I mindestens ein Objekt in seiner Extension hat.

Wenn man das weiß, kann man leicht die Wahrheitsbedingungen für Ausdrücke mit Negationen berechnen.

(6)(a) $\sim\exists x\ F(x)$ ist wahr in $\underline{I}$ gdw. die Extension von $\underline{F}$ die leere Menge ist.
(b) $\exists x \sim F(x)$ ist wahr in $\underline{I}$ gdw. es mindestens ein Objekt laut $\underline{I}$ gibt, das nicht Element der Extension von $\underline{F}$ ist.
(c) $\sim\exists x \sim F(x)$ ist wahr in $\underline{I}$ gdw. es in der Interpretation $\underline{I}$ kein Element gibt, das nicht in der Extension von $\underline{F}$ ist. (Das läuft auf das gleiche hinaus, wie daß alle Objekte der Interpretation Elemente der Extension von $\underline{F}$ sind).

Die Wahrheitsdefinitionen für die Kombination von Existenzquantor und Negation sind redundant, wenn wir schon eine entsprechende Definition für den Quantor gegeben haben, da die Negation im klassischen Aussagen- und Prädikatenkalkül wahrheitsfunktional ist.

Mit immer noch der gleichen Interpretation vor Augen bestimmen wir nun den Wahrheitswert von folgenden Sätzen:

(7)(a) $\forall x\ K(x)$ "Alle sind klug": falsch
(b) $\sim\forall x\ E(x)$ "Nicht alle sind Elche": wahr
(c) $\forall x \sim E(x)$ "Alle sind nicht Elche" in der Bedeutung "Für alle gilt, daß sie nicht Elche sind": falsch
(d) $\forall x\ (E(x) \rightarrow K(x))$ "Alle Elche sind klug": falsch
(e) $\forall x\ (K(x) \rightarrow E(x))$ "Alle Klugen sind Elche": falsch

Das Prinzip hier ist:

(8) $\forall x\ F(x)$ ist wahr in $\underline{I}$ gdw. alle Objekte in $\underline{I}$ in der Extension von $\underline{F}$ enthalten sind.

Auch jetzt werden wir vielleicht ein bißchen redundant sein:

(9)(a) $\sim\forall x\ F(x)$ ist wahr in $\underline{I}$ gdw. nicht alle Objekte in $\underline{I}$ Elemente der Extension von $\underline{F}$ sind, d.h. wenn die Extension von $\underline{F}$ ein nicht-leeres Komplement hat.
(b) $\forall x \sim F(x)$ ist wahr in $\underline{I}$ gdw. alle Objekte in $\underline{I}$ nicht Elemente der Extension von $\underline{F}$ sind, d.h. es gibt kein Objekt in $\underline{I}$, das Element der Extension von $\underline{F}$ ist.

Aus der Aussagenlogik kennen wir die Definition der Implikation und entsprechend liegt es auf der Hand, Sätzen vom Typ $\forall x\ (F(x) \to G(x))$ folgende Wahrheitsbedingungen zu geben:

(10) $\forall x\ (F(x) \to G(x))$ ist wahr in $\underline{I}$ gdw. für alle Objekte in der Extension von $\underline{F}$ gilt, daß sie Elemente der Extension von $\underline{G}$ sind, d.h. in letzterer gibt es kein Objekt, das nicht auch in der ersteren ist.

Die Wahrheitsbedingungen, die wir hier für die Sätze mit Quantoren geben, erstrecken sich leider nur auf Sätze, die nicht mehrstellige Prädikate enthalten. Es ist natürlich möglich, generellere Regeln aufzustellen, aber diese würden Komplikationen technischer Art verlangen, die wir dem Leser hier ersparen wollen.

Es ist vielleicht schon aufgefallen, daß sich ein Ausdruck mit $\forall x$ durch einen solchen mit $\exists x$ definieren läßt und umgekehrt. Im einzelnen gelten folgende Äquivalenzen:

(12)(a) $\exists x\ F(x) \equiv \sim \forall x\ \sim F(x)$
   (b) $\sim \exists x\ F(x) \equiv \forall x\ \sim F(x)$
   (c) $\exists x\ \sim F(x) \equiv \sim \forall x\ F(x)$
   (d) $\sim \exists x\ \sim F(x) \equiv \forall x\ F(x)$

4.5.1 Wahrheit in allen möglichen Interpretationen

Betrachten wir noch einmal den Schluß, mit dem wir das Kapitel über den Prädikatenkalkül eingeleitet haben, hier in etwas anderer Form wiedergegeben.

(1) Prämissen: Alle Elche sind klug.
                   Hugo ist ein Elch.

    Konklusion: Hugo ist klug.

Die Bedingung dafür, daß ein Schluß gültig ist, ist, daß es keine mögliche Welt gibt, in der die Prämissen wahr und die Konklusion falsch sind. Wie können wir nun kontrollieren, daß ein Schluß wirklich gültig ist, wenn es unendlich viele mögliche Welten gibt? Letzteres Faktum macht es unmöglich, alle Welten zu durchlaufen und sie danach zu überprüfen, ob in ihnen die Prämissen und die Konklusion wahr sind. Es gibt sozusagen "immer wieder neue", zu überprüfende Welten. Das einzig mögliche Ergebnis dieser Suche wäre, daß man die Nicht-Gültigkeit eines Schlusses zeigen könnte, falls man nämlich eine Welt finden würde, in der die Prämissen wahr sind, die Konklusion jedoch falsch. Der Nachweis, daß ein Schluß gültig ist, läßt sich also auf diese Weise nicht führen.

Es gibt jedoch andere Methoden, zu untersuchen, ob ein Schluß gültig ist oder nicht. Ob ein Schluß gültig ist, beruht auf seiner Struktur, nicht auf dem faktischen Aussehen der möglichen Welten.

Durch Untersuchung der Struktur eines Schlusses können wir also entscheiden, ob er gilt oder nicht. Betrachten wir nun die Struktur von (1). Was muß der Fall sein, damit seine erste Prämisse wahr ist? Die Antwort ist: alle Elemente der Extension von "Elch" müssen in der Extension des Prädikates "klug" sein. Diese Beziehung können wir durch ein Diagramm veranschaulichen.

Fig. 19

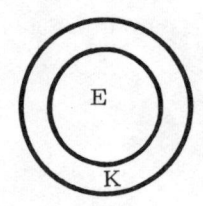

Die zweite Prämisse ist wahr, wenn Hugo Element der Extension des Prädikates "Elch" ist. Also:

Fig. 20

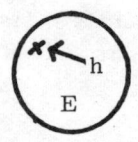

Um zu zeigen, was die Wahrheit beider Prämissen besagt, vereinigen wir die beiden Diagramme.

Fig. 21

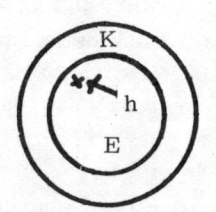

Wenn der Schluß nun gültig ist, dann muß der Fall sein, daß die Konklusion wahr ist, wenn die Beziehungen, die das Diagramm darstellt, gelten. Daß die Konklusion wahr ist, folgt aus der Unmöglichkeit, eine Interpretation zu konstruieren, in der die dargestellten Beziehungen herrschen, die Konklusion jedoch falsch ist.

Damit die Konklusion wahr ist, muß Hugo Element der Extension von "klug" sein.

Fig. 22

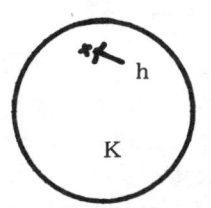

Wenn die Konklusion dagegen falsch ist, darf Hugo nicht Element der Extension von "klug" sein, vgl. das folgende Diagramm.

Fig. 23

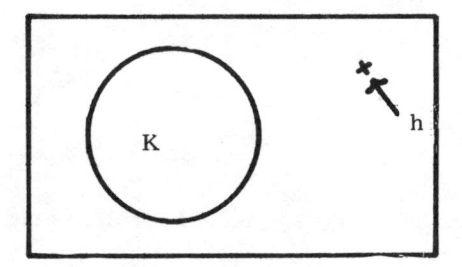

Von den beiden Alternativen Fig. 22 und 23 ist, wie sich zeigt, nur Fig. 22 mit Fig. 21 vereinbar. Diese Überlegung zeigt, daß es unmöglich ist, in diesem Fall aus den Wahrheitsbedingungen für die Prämissen eine Interpretation zu konstruieren, in der die Konklusion falsch ist. Wir hätten den Beweis auch erheblich einfacher führen können, indem wir uns des Formalismus der Mengenlehre bedient hätten, aber wir haben ein nicht-formales Vorgehen vorgezogen und mit den Intuitionen gearbeitet, die der Mengenlehre zugrundeliegen.

Es ist allerdings möglich, eine Interpretation zu konstruieren, in welcher die Konklusion falsch wird. Hier ist eine solche Interpretation:

Fig. 24

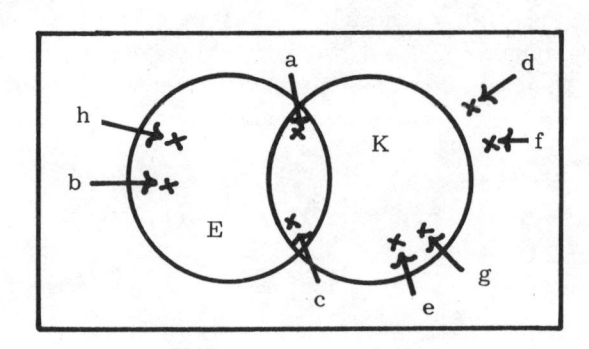

Haben wir damit ein Argument dafür geliefert, daß der Schluß nicht gültig ist? Nein, das haben wir nicht. Zwar ist in dieser Interpretation falsch, daß Hugo klug ist, aber in ihr ist auch die erste Prämisse nicht wahr. Die Extension von "Elch" ist nicht eine Teilmenge der Extension von "klug", was jedoch der Fall sein muß, damit die erste Prämisse wahr ist. Insofern handelt es sich nicht länger um das gleiche Paar von Prämissen, und damit nicht mehr um den gleichen Schluß.

Betrachten wir nun einen Schluß, der sich durch eine Kleinigkeit von (1) unterscheidet.

   (2) Alle Elche sind klug.
       Hugo ist klug.
       ―――――――――――
       Hugo ist ein Elch.

Diesen Schluß haben wir aus (1) erhalten, indem wir die zweite Prämisse und die Konklusion vertauscht haben.

Ist dieser neue Schluß gültig oder ist er es nicht? Zunächst können wir den Schluß mit den Interpretationen vergleichen, die wir bereits im Text geliefert haben. Wir fangen mit der Interpretation in Fig. 18 (p. 69) an. Wir bekommen folgendes Resultat für eine solche Welt: die Prämissen sind wahr und die Konklusion ist gleichfalls wahr. Hiermit haben wir weder gezeigt, daß der Schluß gültig ist, noch daß er ungültig ist. In einer Welt wie der von Fig. 24 ergibt sich folgendes: die erste Prämisse ist falsch, da die Extension von "Elch" nicht eine Teilmenge der Extension von "klug" ist. Die zweite Prämisse ist ebenfalls falsch, da Hugo nicht Element der Extension von "klug" in Fig. 24 ist. Die Konklusion ist dagegen wahr, da Hugo Element der Extension von "Elch" ist. Was sagt das über die Gültigkeit oder Nicht-Gültigkeit von (2) aus? Nichts. Um zu zeigen, daß der Schluß ungültig ist, müssen wir ja eine

Interpretation finden, in der die Prämissen wahr sind, die Konklusion aber falsch ist. Eine solche Interpretation gibt es jedoch, vgl. Fig. 25.

Fig. 25

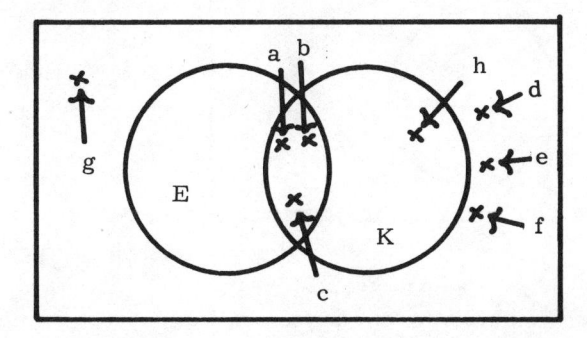

Es ist ziemlich leicht, eine Interpretation zu konstruieren, die zeigt, daß der Schluß ungültig ist. Wir können uns Schritt für Schritt überlegen, wie sie aussehen muß. In ihr sollen die Prämissen wahr sein. Damit die erste Prämisse wahr ist, muß die Extension von "Elch" eine Teilmenge der Extension von "klug" sein.

Fig. 26

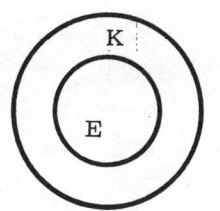

Damit die zweite Prämisse wahr ist, muß Hugo ein Element der Extension von "klug" sein.

Fig. 27

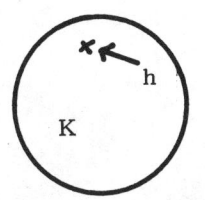

In der Interpretation, die wir suchen, soll die Konklusion falsch sein, daher soll Hugo nicht Element der Extension von "Elch" sein.

Fig. 28

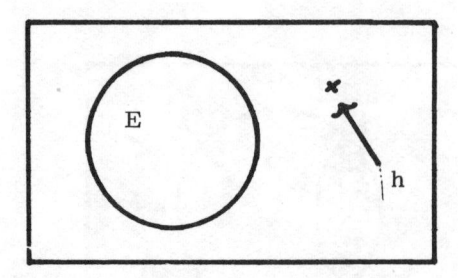

Wir sehen, daß bei Kombination der einzelnen Diagramme eine solche Interpretation durchaus konstruierbar ist, vgl. Fig. 29.

Fig. 29

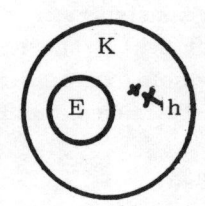

Wir haben damit bewiesen, daß unser zweiter Schluß nicht gültig ist.

4.5.2 Zusammenfassung der Semantik der Prädikatenlogik

Wir geben nun in komprimierterer Form Wahrheitsdefinitionen für alle die Typen von Sätzen, die wir oben im Syntaxabschnitt als syntaktisch wohlgeformt definiert hatten. $\underline{I}$ sei eine beliebige Interpretation.

(1)(a) $\underline{P(t)}$ ist wahr in $\underline{I}$ gdw. das von $\underline{t}$ bezeichnete Individuum Element der Extension von $\underline{P}$ in $\underline{I}$ ist.

(b) $\underline{P(t_1, t_2)}$ ist wahr in $\underline{I}$ gdw. das von $\underline{(t_1, t_2)}$ bezeichnete Paar von Individuen Element der Extension von $\underline{P}$ in $\underline{I}$ ist.

(c) $\underline{P(t_1, \ldots, t_n)}$ ist wahr in $\underline{I}$ gdw. der von $\underline{(t_1, \ldots, t_n)}$ bezeichnete n-Tupel von Individuen Element der Extension von $\underline{P}$ in $\underline{I}$ ist.

(d) $\underline{\forall x\ P(x)}$ ist wahr in $\underline{I}$ gdw. alle Individuen in $\underline{I}$ Element der

(e)	∃x P(x)	ist wahr in I gdw. es mindestens ein Individuum I gibt, das Element der Extension von P in I ist. Extension von P in I sind.
(f)	~α	ist wahr in I gdw. α in I falsch ist.
(g)	α & β	ist wahr in I gdw. sowohl α wie β wahr in I sind.
(h)	α ∨ β	ist wahr in I gdw. einer der Sätze α oder β in I wahr ist.
(i)	α → β	ist wahr in I gdw. α falsch oder β wahr in I ist.
(j)	α ≡ β	ist wahr in I gdw. α und β entweder zugleich wahr oder zugleich falsch in I sind.

4.6 Prädikatenlogik der 2. Stufe

Betrachten wir folgenden Satz:

(1) Fritzchen ist etwas, was Karlchen nicht ist: er ist intelligent.

Der Satz vor dem Doppelpunkt läßt sich folgendermaßen paraphrasieren:

(2) Es gibt etwas, das Fritzchen ist und das Karlchen nicht ist.

Wir sagen also, daß Fritzchen eine Eigenschaft hat, die Karlchen nicht hat. Wenn wir versuchen, (2) in die uns bislang hier aufgebaute Sprache der Prädikatenlogik zu übersetzen, stoßen wir auf Schwierigkeiten, da wir in (2) von der Existenz nicht eines Individuums sondern einer Eigenschaft sprechen und wir in unserer Prädikatenlogik keine Möglichkeit haben, "es gibt etwas, das a ist" auszudrücken. In der Prädikatenlogik zweiter Stufe führt man für diesen Zweck Quantoren ein, die Prädikatsvariablen binden können.

In einer solchen Logik können wir (2) wie folgt übersetzen:

(3) ∃Φ (Φ(f) & ~ Φ(k))   "es gibt ein Φ, derart daß f Φ ist und k nicht Φ ist"

Es lassen sich dann auch Prädikate einführen, die Prädikate von anderen Prädikaten sind, z.B. in

(4) ∃Φ (Φ(f) & U(Φ))

was eine denkbare Übersetzung des Satzes

(5) Fritzchen ist etwas, das ungewöhnlich ist (Fritzchen hat eine ungewöhnliche Eigenschaft)

ist. In der Prädikatenlogik zweiter Stufe können auch Sätze Argumente von Prädikaten sein. Dem entspricht semantisch, daß man Eigenschaften von Propositionen angibt, was eine Möglichkeit darstellt, Sätze mit eingebetteten daß-Sätze zu interpretieren.

4.7 Übungen

1. Sei

   a = Algot   V = verachtet
   b = Berta   L = liebt
   c = Cassius   S = ist stärker als
   d = Dragos   A = Affe
                      B = Banane

   Übersetzen Sie folgende Ausdrücke in idiomatisches Deutsch:

   (a) L (b, a)
   (b) V (d, c) & S (c, d)
   (c) ∀x (A (x) → S (d, x))
   (d) ∃x (∃y (A (x) & B (y) & L (x, y)))
   (e) ~∃x (A (x) & S (x, d))
   (f) (∀x (A (x))) → A (d)

2. Übersetzen Sie folgende Sätze in die Prädikatenlogik:

   (a) Otto ist Deutscher.
   (b) Alfred ist Sozialist, aber Bernd ist Liberaler.
   (c) Entweder ist Alfred krank, oder er ist nicht schlau.
   (d) Lisa liebt Kalle, aber Kalle liebt nicht Lisa.
   (e) Kein Junge liebt Lisa.
   (f) Alle Studenten lesen ein Buch.
   (g) Kein Student liest alle Zeitungen.
   (h) Nicht alle Deutschen schätzen Strauß.
   (i) Wenn alle Studenten arbeiten, ist kein Student fröhlich.

3. Welche der folgenden Ausdrücke sind äquivalent? (Tip: Vgl. p. 71)

   (a) ∀x (F (x) → G (x))
   (b) ∀x (F (x) & G (x))
   (c) ~∃x (F (x) & ~G (x))
   (d) ∃x ~(F (x) & G (x))
   (e) ∀x ~(F (x) → G (x))
   (f) ~∃x ~(F (x) & G (x))
   (g) ~∀x (F (x) & G (x))

4. Welche formale Eigenschaften haben die folgenden Relationen?

   (a) ebensoviel Geld verdienen wie

(b) mehr Geld verdienen als
(c) weniger oder gleichviel Geld verdienen wie
(d) Großvater von

5 DAS DEDUKTIVE SYSTEM

5.1 Ableitungsregeln

In der Syntax untersucht man, wie Sätze aufgebaut sind, und in der Semantik, wie sie interpretiert werden. Wie wir schon anfangs sagten, ist die Logik letzten Endes an Schlüssen interessiert. Regeln dafür, wie man gültige Schlüsse führt - wie man also von einer oder mehreren Prämissen zu einer Konklusion kommen kann, wobei die Konklusion stets wahr ist, wenn die Prämissen es sind - heißen **Ableitungsregeln**. Ableitungsregeln sind Teil des **deduktiven Systems**, das also als dritter Teil unserer Logik betrachtet werden kann. Man kann das deduktive System als eine "Grammatik" für gültige Schlüsse ansehen.

Welche Ableitungsregeln wir haben, hängt natürlich hauptsächlich davon ab, welche Semantik wir gewählt haben, da die Semantik über Wahrheit und Falschheit von Sätzen entscheidet.

Für das deduktive System ist es nicht entscheidend, ob die Prämissen **faktisch** wahr sind: es interessiert nur, was passiert, **wenn** sie wahr sind; genauer: welche Sätze wahr sein müssen, wenn gegeben ist, daß die Prämissen es sind, mit anderen Worten, welche Sätze logische Folgerungen aus den Prämissen sind. Die Ableitungsregeln sollen uns also ermöglichen, alle Sätze herauszugreifen, die zu einem gegebenen Satz durch logische Folgerung in Beziehung stehen. Die Wahrheit der Prämissen wird jedoch von größerer Bedeutung, wenn wir die Ableitungsregeln zu bestimmten Zwecken benutzen wollen, wie wir es etwa zum Aufbau einer **axiomatisierten Theorie** tun. Wir werden kurz etwas darüber sagen, was dieser Begriff beinhaltet.

Ein alter Gedanke ist, daß jede wissenschaftliche Theorie Sätze von zwei Typen enthält. Das sind erstens Sätze, deren Richtigkeit darauf beruht, daß gewisse andere Sätze richtig sind. Diese Sätze, die aus anderen Sätzen folgen, heißen **Theoreme**; sie können als Konklusionen von einer Menge von Schlüssen angesehen werden. Der andere Typ Sätze sind solche, deren Wahrheit nicht aus anderen folgt, sondern augenscheinlich sein soll und deswegen

nicht bewiesen werden muß. Diese intuitiv wahren Sätze werden Axiome
genannt und stellen die Basis einer axiomatisierten Wissenschaft dar.
Typisches Beispiel für eine axiomatisierte Wissenschaft ist die Mathematik
und ein gutes Beispiel für eine Wissenschaft, die sich kaum axiomatisieren
läßt, ist die Literaturwissenschaft. Es ist schwer, sich eine Menge von
Axiomen vorzustellen, aus der sich literarische Behauptungen ableiten ließen
wie etwa "Strindbergs spätere Dramen entbehren des Wirklichkeitsbezugs".

In der Logik kann man hingegen leichter axiomatisierte Systeme konstruieren.
Ein mögliches Axiom der Logik ist das "Gesetz vom ausgeschlossenen
Dritten": $p \vee \sim p$. Es sagt, daß ein Satz $\underline{p}$ entweder wahr oder falsch ist und
daß eine dritte Alternative nicht gegeben wird. Viele Logiker sind der Ansicht,
daß dies ein intuitiv wahrer Satz ist und nehmen ihn deswegen in ihre Logik
auf. Jedoch nicht alle Logiker sind sich über die Wahrheit dieses Satzes
einig (vgl. unten das Kapitel über Präsuppositionen), und einige haben eigene
alternative Axiome entworfen, was zur Ausbildung von verschiedenen Logiken
geführt hat. Das Gesetz vom ausgeschlossenen Dritten hat zu langen philoso-
phischen Diskussionen Anlaß gegeben. Während der neueren Entwicklung von
axiomatisierten Wissenschaften wie Logik, Mathematik und Geometrie hat
man die Forderung aufgegeben, daß die Axiome intuitiv wahr sein sollen;
stattdessen stellt man an sie andere Anforderungen.

Im folgenden führen wir einige Ableitungsregeln auf ziemlich informelle Weise
vor. Es sind Regeln, die auf irgendeine Weise in den meisten Logikbüchern
vorkommen. Es ist wichtiger, die Korrektheit dieser Ableitungsregeln einzusehen, als sie auswendig zu lernen, da man durch letzteres nicht lernt, wann
man eine Regel anwenden kann. Die folgenden Regeln sind so zu lesen: Wenn
wir das haben, das links vom Querstrich steht, dürfen wir auf das schließen,
was rechts von ihm steht - das, was links steht, darf also gegen das ausgetauscht werden, was rechts steht.

(1) $\forall x\ F(x)\ /\ F(a)$ alle sind $\underline{F}\ /\ \underline{a}$ ist $\underline{F}$

Diese Regel (universelle Instanzierung) sagt aus, daß, wenn etwas
für alle Individuen gilt, es dann für jedes einzelne Individuum gilt. Wenn alle
nett sind, folgt daraus, daß Hugo nett ist.

(2) $F(a)\ /\ \exists x\ F(x)$ $\underline{a}$ ist $\underline{F}\ /$ jemand ist $\underline{F}$

Diese Regel (existentielle Generalisierung) sagt, daß, falls eine
bestimmte Person, z.B. Agaton, Schweden retten kann, wir dann wissen,

daß es mindestens eine Person gibt, die Schweden retten kann.

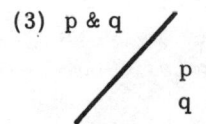

(3) p & q / p
           / q

Wenn eine Konjunktion von zwei Sätzen wahr ist, muß natürlich jedes der Konjunkte wahr sein. Ferner gilt folgende Regel:

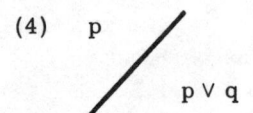

(4) p / p ∨ q

Anders als bei den vorigen Regeln haben wir hier ein gutes Beispiel für eine Regel, die dadurch Anstoß erregt, daß sie gegen die Intuition ist; aber wir verstehen sie, wenn wir daran denken, daß die Disjunktion rein wahrheitsfunktional ist.

Das deduktive System erlaubt uns auch, äquivalente Ausdrücke miteinander zu vertauschen. Wir können also logische Äquivalenzen für die Ableitungsregeln ausnützen. Beispiele für verwendbare Tautologien sind die Äquivalenzen in (12), Kapitel 4.5. Ein Satz mit Existenzquantor kann stets durch einen mit Allquantor ersetzt werden.

Eine häufig gebrauchte Regel ist Modus Ponens:

(5) p → q /
    p / q

Z.B. können wir von den Prämissen "Wenn es Winter ist, ist es kalt" und "Es ist Winter" zur Konklusion "Es ist kalt" übergehen.

Die Regeln, die wir gerade betrachtet haben, erlauben uns, etwas zu behaupten, falls etwas anderes zuvor behauptet worden war. Die Regeln sprechen darüber, welche Schlüsse wir von einer gegebenen Menge von Prämissen ziehen können.

Nun gibt es jedoch eine Regel, oder, besser gesagt, eine Methode, die es uns erlaubt, zu schließen, ohne daß wir von Prämissen im bisherigen Sinn ausgehen.

(6) Angenommen,
    Fritz ist länger als Karl und
    Karl ist länger als Otto.   L (f, k) & L (k, o)
    Dann folgt daraus, daß
    Fritz länger als Otto ist.   L (f, o)

L (f, k) & L (k, o) ist nicht etwas, von dem wir wissen, daß es wahr ist, sondern etwas, von dem wir sozusagen so tun, als ob es wahr sei, um zu sehen, welche Konsequenzen es hat. Wir sehen dann, daß wenn L (f, k) & L (k, o) wahr ist, auch gilt, daß L (f, o) wahr ist. Mit anderen Worten, der zweite Satz (bezeichnet mit q) ist wahr in allen Welten, in denen der erste Satz (bezeichnet mit p) wahr ist; q läßt sich also aus p ableiten:

(7) p
     /
    / q

L (f, o) (d.h. q) folgt aus dem Satz L (f, k) & L (k, o) (d.h. p) deswegen, weil die Relation "länger als" transitiv ist. Nun gibt es eine Regel, die uns von der Annahme p und dem aus ihr abgeleiteten q zu einem neuen komplexen Satz übergehen läßt. Sie wird in manchen Büchern anschaulich K o n d i t i o n a l i s i e r u n g (engl. c o n d i t i o n a l i z a t i o n) genannt (z.B. in Quine (1950)), sonst heißt sie meist D e d u k t i o n s t h e o r e m. Sie funktioniert auf die Weise, daß wir sagen können, daß sich eine Implikation p → q ableiten läßt, wenn ein Satz q aus einem Satz p ableitbar ist. Wir notieren diese Regel wie folgt:

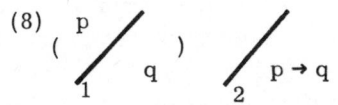

(8)   p
    (/)   /
     / q   / p → q
     1   2

Anders als bei den vorigen Regeln haben wir links von dem mit "2" indizierten Querstrich, der den Hauptableitungsschritt symbolisiert, nicht eine ungeordnete Menge von Sätzen, sondern bereits einen Ableitungsschritt, notiert in (7). Das Ergebnis ist für unser Beispiel der folgende Satz:

(9) Wenn Fritz länger als Karl und Karl länger als Otto ist,
    dann ist Fritz länger als Otto.

    (L (f, k) & L (k, o)) → L (f, o)

Dieser Satz, zu dem wir uns vorgearbeitet haben, ist wahr aufgrund der Bedeutung der in ihm vorkommenden Wörter. Um zu ihm zu gelangen, machten wir gewisse Annahmen, aber da wir diese dann durch das Deduktionstheorem sozusagen abschaffen konnten, können wir sagen, daß wir überhaupt keine Prämissen brauchen, um den Satz abzuleiten. In logischer Sprechweise sagt man in einem solchen Fall, daß man den Satz aus einer leeren Satzmenge ableitet, d.h. daß man keine bestimmten Prämissen hat, von deren Wahrheit man ausgeht.

Die Wahrheit unserer Konklusion ist also nicht abhängig von der Wahrheit irgendwelcher anderer Sätze. Mithilfe dieses Deduktionstheorems können wir auf diese Weise alle Tautologien aus einer Satzmenge herleiten, die leer ist. Aus einer Tautologie können wir wiederum nur Tautologien herleiten, da diese nichts über eine spezielle Welt aussagen. Aus einer Kontradiktion lassen sich hingegen alle wahren und falschen Sätze ableiten. D.h., wenn man von widersprüchlichen Prämissen ausgeht, kann man einen beliebigen Satz beweisen. Interessant ist die Entdeckung, daß es in natürlicher Sprache eine Ausdrucksweise gibt, die dies widerzuspiegeln scheint, vgl. den Satz

(10) Wenn es morgen regnet, heiße ich Moritz.

Hier deutet man also an, daß der Vorsatz absurd ist, indem man behauptet, daß er einen klar falschen Satz impliziert

5.2 Ableitungsregeln und Konversation

Nachdem wir Aussehen und Funktion der Ableitungsregeln in der Logik studiert haben, ist es vielleicht angebracht, ihre Beziehung zur Konversation in der Umgangssprache zu betrachten. Auf diesem Gebiet ist noch wenig Arbeit geleistet worden, so daß das folgende notwendigerweise knapp und spekulativ ausfällt.

Zunächst können wir festhalten, daß die Linguistik sich bisher zumeist auf den Satz und seine Teile konzentriert hat und sich noch kaum größeren Einheiten zugewendet hat. Es ist jedoch noch kein Argument dafür erbracht worden, daß man sich mit dem Satz als der größten Einheit zufriedengeben soll. Die Veranlassung dafür, Syntax zu untersuchen, ist ja, daß es Regeln dafür gibt, wie man Wörter zu einem Satz kombinieren kann. Wenn man die Wörter eines Satzes aufs Geratewohl durcheinandermischt, erhält man in den seltensten Fällen etwas, das man wieder als Satz betrachten würde. Aber gibt es nicht ebenso Regeln, die auf gleiche Weise bestimmen, wie Sätze zu Abschnitten und größeren Stücken kombiniert werden? Wenn man die Anordnung der Sätze in einem Text verändert, erhält man meist ein nicht akzeptables Resultat. Das Studium der Ableitungsregeln in der Sprache wird ein Teil der "Textgrammatik" sein, für die wir jetzt plädiert haben.

Die einzige Forderung an die Ableitungsregeln der Logik ist, daß sie alle gültigen Schlüsse beschreiben sollen. Aber für das Schließen in der Umgangssprache müssen wir mehr fordern. Die gewünschten Regeln sollen die Schlußweisen beschreiben, die sich empirisch nachweisen lassen. Leider gibt es fast keine Untersuchungen auf diesem Gebiet, aber es ist schnell einzusehen, daß die Regeln, nach denen wir im täglichen Leben Schlüsse ziehen, sich von den Ableitungsregeln in mehreren Punkten unterscheiden. Der folgende Schluß ist "logisch", aber die meisten von uns betrachten ihn sicher als mißglückt.

(1) A: Ich habe heute Russells "Principia" gekauft.
    B: Aha, du hast Russells "Principia" oder Chomskys "Aspects" gekauft.

Trotzdem ist "B" nur der Ableitungsregel gefolgt, die sagt, daß F (a) impliziert, daß F (a) ∨ G (a).

Das folgende Beispiel ist jedoch in jeder Hinsicht geglückt, obwohl wir gezwungen sind, uns etwas unnötig umständlich auszudrücken, damit genug von der logischen Form zutage tritt.

(2) A: Glaubst du, daß es heute abend eine Party gibt? q?
    B: Ich weiß nicht, aber soviel ist sicher, daß es
       eine Party gibt, wenn Maria zu Hause ist. p → q
    A: Aber Maria ist ja zu Hause. p
    A und B (fröhlich im Chor): Ja, dann gibt es heute
       abend eine Party. also: q

Wie wir sehen, verwenden wir hier Modus Ponens.

Ohne viel empirisches Material vorweisen zu können, möchten wir meinen, daß der indirekte Beweis in der Umgangssprache ziemlich häufig ist. Durch indirekten Beweis beweist man, daß etwas wahr ist, indem man beweist, daß sein Gegenteil zu etwas nachweislich Falschem führt (vgl. oben Kap. 3.6). Ein Beispiel:

(3) A: Fritzchen ist nicht zu Hause.
    B: Woher weißt du das?
    A: Wenn er zuhause wäre, stände sein Auto in der Garage.
       (Das Auto steht nicht in der Garage, und also ist Fritzchen
       nicht zu Hause).

Der Satz in Klammern würde wahrscheinlich von A nicht explizit ausgesprochen werden, gehört aber logisch zu seiner Beweiskette.

In diesem Beispiel sehen wir etwas, was sicher in der Umgangssprache ziemlich häufig ist, daß wir nämlich bestimmte Glieder einer Argumentation auslassen und für selbstverständlich halten, daß der Hörer dem folgen kann, was wir sagen.

In diesem Zusammenhang muß erwähnt werden, daß es Forscher gibt, die die tatsächliche Durchführung von Überlegungen in der Umgangssprache untersucht haben. Ihr Ansatzpunkt ist z.T. nicht streng logisch, da sie mehr den Einfluß des Kontextes in einem nicht-formalen Sinn betonen als die wahrheitserhaltenden Eigenschaften von Ableitungsregeln. Sie nehmen also eher einen pragmatischen als einen semantischen Standpunkt ein. Zu bemerken ist, daß wir in umgangssprachlicher Rede häufig nicht unsere sämtlichen Prämissen offen aussprechen, z.B. wenn wir sagen:

(4) Alfonso ist Italiener, also ist Alfonso Katholik.

Es ist leicht einzusehen, daß die Konklusion nicht aus der einen, explizit gegebenen Prämisse folgt, sondern daß eine zusätzliche Prämisse, etwa: "Alle Italiener sind Katholiken", dem Schluß zugrundeliegt, zusammen mit (würde ein Pragmatiker hinzufügen) unserer ganzen Hintergrundsinformation. Ein kritischer Leser könnte sich gegen den Schluß (4) wenden und anmerken, daß er nicht gültig ist. Stattdessen müßte es so heißen:

(5) Alfonso ist Italiener, daher ist Alfonso vermutlich Katholik.

Tatsächlich haben wir in diesem Fall nur eine andere versteckte Prämisse, etwa: "Die meisten Italiener sind Katholiken". Was (5) von (4) unterscheidet, ist auch nur, daß in (5) die Konklusion einen modalen Operator (und zwar <u>vermutlich</u>) enthält, d.h. ein sprachliches Zeichen, das hier die Bedeutung der Konklusion verändert, nicht jedoch eine neue Prämisse liefert. (Auf modale Operatoren gehen wir unten im Kapitel über Modallogik noch genauer ein).

5.3 Präsuppositionen und definite Deskriptionen

Man nimmt normalerweise in der Logik an, daß alle Sätze entweder wahr oder falsch sind. Dies ist eine praktische Annahme, um rein logische Systeme zu konstruieren, aber es kann bezweifelt werden, ob eine natürliche Analyse der Umgangssprache möglich ist, wenn man an ihr festhält. Sehen wir nach, wo die Probleme auftauchen. Oben haben wir gesagt, daß $\sim p$ wahr ist gdw. p falsch ist. Das würde bedeuten, daß, wenn ein bestimmter Satz nicht wahr ist, seine Negation wahr ist. Vgl. aber nun die klassische Frage

(1) Hast du aufgehört, deine alte Mutter zu schlagen?

und die möglichen Antworten

(2) Ja, ich habe aufgehört, meine alte Mutter zu schlagen.

(3) Nein, ich habe nicht aufgehört, meine alte Mutter zu schlagen.

(3) scheint die Negation von (2) zu sein. Und wenn (2) nicht wahr ist, müßte (3) es also sein. Aber jemand, der überhaupt nie seine alte Mutter geschlagen hat, scheint weder mit (2) noch mit (3) antworten zu können. Wir können dann sagen, daß (2) und (3) in einem solchen Fall weder wahr noch falsch sind - daß sie überhaupt keinen Wahrheitswert besitzen. Weiter können wir sagen, daß es eine Voraussetzung oder Präsupposition geben muß, wenn (2) oder (3) einen Wahrheitswert haben sollen, nämlich die, daß der Sprecher seine alte Mutter zu irgendeiner Zeit geschlagen haben muß. In der klassischen Logik werden Präsuppositionen nicht behandelt, da in ihr alle Sätze Wahrheitswerte haben müssen, aber man kann sehr wohl Logiken konstruie-

ren, in denen man Sätze ohne Wahrheitswerte zuläßt und wo Präsuppositionen also einbezogen werden können. (Wie gewöhnlich sollten wir hier eher von Propositionen als von Sätzen sprechen. Wenn wir, was möglich ist, Propositionen als Funktionen von möglichen Welten in Wahrheitswerte auffassen, läßt sich sagen, daß der Definitionsbereich der Funktionen eher eine bestimmte (echte) Teilmenge der Menge aller möglichen Welten ist als deren Gesamtmenge. Die möglichen Welten, die außerhalb des Definitionsbereiches der Funktion liegen, entsprechen dann den Fällen, wo eine der Präsuppositionen des entsprechenden Satzes nicht erfüllt ist). Ein hierzu alternatives Vergehen wäre, einen dritten Wahrheitswert - neben "wahr" und "falsch" den Wert "null" - einzuführen und zu sagen, daß ein Satz, dessen Präsuppositionen nicht erfüllt sind, den Wahrheitswert "null" hat.

Man kann auch eine pragmatischen Präsuppositionsbegriff vertreten, den wir vom eben dargestellten, logische Präsupposition zu nennenden, unterscheiden. Pragmatische Präsuppositionen können als die Bedingungen dafür angesehen werden, ob eine Äußerung "geglückt" ist oder nicht. Forderungen eines bestimmten sozialen Status, um bestimmte Äußerungen tun zu dürfen, sind Beispiele für pragmatische Präsuppositionen. Aber auch andere, übergreifendere Normen für die sprachliche Kommunikation werden teilweise dazugezählt.

Es ist auch behauptet worden, daß pragmatische und logische Präsuppositionen nicht getrennte Erscheinungen sind, sondern daß man die pragmatischen aus den logischen Präsuppositionen ableiten kann. Bei einer solchen Analyse wird die klassische zweiwertige Logik beibehalten, und man behauptet, daß man durch Falschmachen der Präsuppositionen eines Satzes diesen gleichfalls falsch - wiewohl zugleich in hohem Maße abweichend - macht.

Als Beispiel für pragmatische Präsuppositionen können wir erwähnen, daß bestimmte Typen von Äußerungen, um "geglückt" zu sein, einen bestimmten sozialen Kontext fordern, z.B. einen bestimmten Status des Sprechers oder eine bestimmte Beziehung zwischen Sprecher und Hörer (z.B. den Gebrauch der Anredeformen du, Sie im Deutschen).

Zurück zu den logischen Präsuppositionen. Ihre häufigsten Typen in der Umgangssprache sind existentielle und faktive Präsuppositionen. Beispiele für existentielle Präsuppositionen sind: "Karlchens Auto ist rot" präsupponiert u.a. "Es gibt ein Auto, das Karlchen gehört"; "Der Dom von Frankfurt ist schön" präsupponiert "Es gibt einen Dom von Frankfurt". Beispiele für faktive Präsuppositionen: "Karlchen sieht ein, daß Stalin ein Schurke war" präsupponiert "Stalin war ein Schurke"; "Es ist komisch, daß Fritzchen krank ist" präsupponiert "Fritzchen ist krank".

Im allgemeinen präsupponieren Sätze, die etwas über ein bestimmtes Individuum aussagen (ihm eine bestimmte Eigenschaft zuschreiben), daß das betreffende Individuum existiert. Existentielle Präsuppositionen sind also relativ häufig. Faktive Präsuppositionen finden wir in Sätzen, die Prädikate enthalten, die Eigenschaften oder Relationen von Fakten ausdrücken. Auf Fakten (aber nicht nur auf sie!) referieren wir meistens mit daß-Sätzen. Solche Prädikate sind <u>wissen</u>, <u>einsehen</u>, <u>es erstaunt x, daß</u>, <u>es ist seltsam, daß</u> (dem Linguisten bekannt als "faktive Verben").

Eine Präsupposition ist also nach dieser Analyse eine Bedingung dafür, daß ein Satz einen Wahrheitswert haben kann. Wenn wir die Negation auf die herkömmliche Weise interpretieren - so daß die Negation eines wahren Satzes stets falsch ist und umgekehrt -, folgt daraus, daß ein Satz und seine Negation immer die gleichen Präsuppositionen haben. Tatsächlich kann dies als Test dafür ausgenutzt werden, was eine Präsupposition ist. Wenn ein Satz p sowohl von einem Satz q wie dessen Negation $\sim q$ impliziert wird, läßt sich sagen, daß q p präsupponiert.

Wir haben oben (p.76f) die Wahrheitsbedingungen für Sätze der Form $P(t)$ in einer normalen (d.h. präsuppositionslosen) Logik formuliert. Prinzipiell ergibt sich kein größerer Unterschied, wenn man das gleiche für eine Logik mit Präsuppositionen ausführt, nur daß statt zwei drei Fälle zu bearbeiten sind. Es läßt sich etwa folgendermaßen schreiben:

(4) $P(t)$ ist wahr in einer beliebigen Interpretation I gdw. t für ein Objekt in I steht (d.h. letzteres existiert in I) und dieses Objekt Element der Extension von P ist.

$P(t)$ ist falsch in I gdw. t für ein Objekt in I steht, dieses aber nicht Element der Extension von P ist.

$P(t)$ hat keinen Wahrheitswert in I (Alternative: hat den Wahrheitswert "null" in I), wenn t für kein Objekt in I steht (in I kein solches Objekt existiert).

Wir betrachten nun noch einen weiteren Typ von Präsuppositionen. F stehe für das Prädikat "ist herrschsüchtig", und $\underline{a}$ stehe für ein Individuum, z.B. Tante Tilda. (5) ist dann ein falscher oder vielleicht richtiger Satz.

(5) $F(a)$ "Tante Tilda ist herrschsüchtig"

Wir führen nun eine andere Individuenkonstante ein, $\underline{b}$, die den Eiffelturm bezeichnen soll. In der normalen Prädikatenlogik muß dann entweder (6) oder (7) wahr sein.

(6) $F(b)$ "Der Eiffelturm ist herrschsüchtig"

(7) $\sim F(b)$ "Der Eiffelturm ist nicht herrschsüchtig"

Hier haben wir wieder einen Fall, wo man es vorziehen würde, Sätzen überhaupt keinen Wahrheitswert zuzuschreiben. Wir können solche Fälle in unserer Logik beschreiben, indem wir den Begriff "Definitionsbereich" auch für Prädikate gebrauchen (oben haben wir vom Definitionsbereich von Funktionen gesprochen). Intuitiv kann man den Definitionsbereich eines Prädikats als die Menge der Individuen definieren, für welche es sinnvoll ist, das Prädikat zu gebrauchen. Der Definitionsbereich von F "herrschsüchtig" wäre also etwa die Menge der Wesen mit Denkvermögen. Die Regeln müssen dann so präzisiert werden, daß ein F (a) keinen Wahrheitswert hat, wenn das von a bezeichnete Individuum nicht im Definitionsbereich von F ist. Wenn das von a bezeichnete Individuum Element des Definitionsbereiches, aber nicht der Extension von F ist, ist der Satz falsch. Wir können das Gesagte mit folgendem Diagramm verdeutlichen:

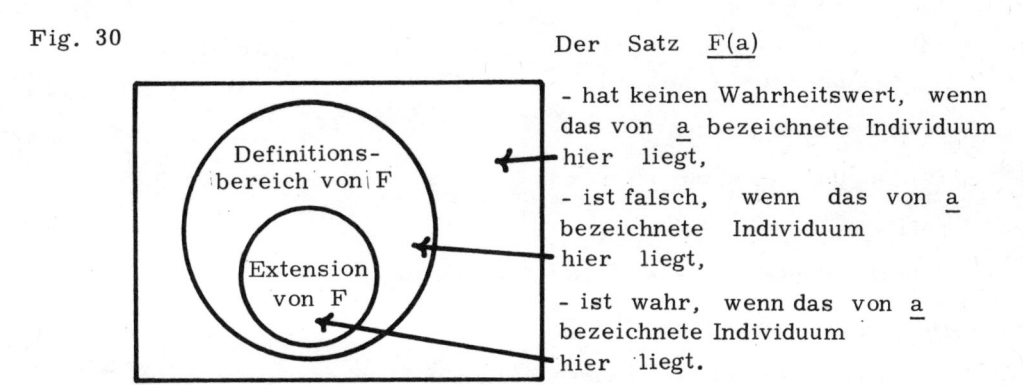

Fig. 30

Der Satz F(a)

- hat keinen Wahrheitswert, wenn das von a bezeichnete Individuum hier liegt,
- ist falsch, wenn das von a bezeichnete Individuum hier liegt,
- ist wahr, wenn das von a bezeichnete Individuum hier liegt.

In der Linguistik werden die Regeln, die festlegen, wie Prädikate mit Individuenausdrücken kombiniert werden können, S e l e k t i o n s b e s c h r ä n k u n g e n genannt. Das eben gesagte ist also eine Möglichkeit, Selektionsbeschränkungen auf logische Weise zu behandeln.

Historisch mit dem Begriff Präsupposition eng verbunden ist der Begriff d e f i n i t e D e s k r i p t i o n. Eine definite Deskription ist ein Ausdruck, der ein bestimmtes Objekt benennt, indem er es beschreibt als "das Objekt, das die und die Eigenschaften hat". Hierzu hat man eine spezielle logische Konstante, den J o t a - O p e r a t o r eingeführt (bezeichnet mit dem griechischen Buchstaben ι). Für "das x, das die Eigenschaft F hat" schreiben wir dann $\iota x (F(x))$. Dieser Ausdruck hat nun dieselben Eigenschaften wie eine Individuenkonstante (a, b, c), und wir können ihn an dieselbe Stelle in Satzschemata einsetzen, z.B. in G (x), wodurch sich der Satz $G(\iota x (F(x)))$ ergibt (zu lesen: "das x, das die Eigenschaft F hat, hat die Eigenschaft G") und dem Satz G (a) entspricht ("a hat die Eigenschaft G").

Es gibt bestimmte Bedingungen dafür, daß der Ausdruck $\iota x (F(x))$ gebraucht werden kann: es muß ein $\underline{x}$ geben, das die Eigenschaft $\underline{F}$ hat, und es darf nicht mehr als ein $\underline{x}$ geben, das diese Eigenschaft hat.

Probleme entstehen, wenn diese Bedingungen nicht erfüllt sind. Gemäß vorhergehenden Überlegungen dürfte ein entsprechender Satz keinen Wahrheitswert zumindest in dem Fall erhalten, wo es kein Individuum gibt, das die Eigenschaft $\underline{F}$ hat. Derjenige, der die breitest angelegte Theorie über Beschreibungen ausgearbeitet hat, Bertrand Russell, hatte jedoch Aversionen gegen Sätze ohne Wahrheitswerte und stattdessen war er der Meinung, daß solche Sätze als falsch bewertet werden sollten. Er meinte auch, eine Definition des Jota-Operators geben zu können, so daß dieses richtig herauskommen würde. Nach Russell ist der Ausdruck $\underline{G(\iota x (F(x)))}$ gleichwertig mit dem folgenden Satz:

(8) Es gibt ein $\underline{x}$, das $\underline{F}$ und $\underline{G}$ ist, und es gibt kein $\underline{y}$, das $\underline{F}$ ist und das mit $\underline{x}$ identisch ist.

Oder mit anderen Worten

(9) Es gibt ein und nur ein $\underline{x}$, das $\underline{F}$ ist, und dieses $\underline{x}$ ist auch $\underline{G}$.

Russells klassisches Beispiel

(10) Der König von Frankreich ist kahlköpfig

wird also interpretiert wie

(11) Es gibt einen und nur einen König von Frankreich, und er ist kahlköpfig.

Wenn es keinen oder mehr als einen König von Frankreich gibt, ist offensichtlich (11) falsch. Ob das aber auch von (10) gilt, wie Russell behauptete, ist eine Sache, die zu diskutieren bleibt.

5.4 Übung

Welche Ableitungsregeln kann man anwenden, um die Konklusion aus den Prämissen in folgendem Schluß abzuleiten?

Wenn Fritzchen zu Hause ist, sind alle froh.
Fritzchen ist zu Hause.

───────────────────────────────

Lisa ist froh.

6 MODALLOGIK

6.1 Modale Operatoren

Eine semantische Beschränkung der prädikatenlogischen Sprache, wie sie im vorhergehenden Kapitel beschrieben worden ist, ist, daß man nicht über mehr als eine Welt auf einmal sprechen kann. In natürlichen Sprachen können wir jedoch mit Leichtigkeit über Beziehungen zwischen verschiedenen möglichen Welten sprechen.

(1) Es ist möglich, daß es morgen Gewitter gibt.

Wer diesen Satz äußert, weiß nicht mit Sicherheit, welches Wetter es morgen gibt, er kann sich mehrere Möglichkeiten vorstellen. Die Welt, so wie sie morgen aussieht, ist also für ihn eine von mehreren möglichen Welten. Was er sagt, wenn er (1) äußert, ist, daß mindestens eine dieser möglichen Welten derart ist, daß es in ihr regnet. Entsprechend verhält es sich mit dem folgenden Satz:

(2) Es ist sicher, daß es morgen Gewitter gibt.

(2) sagt aus, daß es, wie auch die Welt morgen aussehen wird, auf jeden Fall Gewitter gibt. Mit anderen Worten, in allen möglichen Welten gibt es morgen Gewitter.

Wir können also möglich und sicher folgendermaßen umschreiben:

(3) möglich = wahr in mindestens einer möglichen Welt
    sicher = wahr in allen möglichen Welten

Die möglichen Welten, von denen wir hier sprachen, waren etwa die Welten, die wir uns anhand unserer Kenntnisse von den bestehenden Verhältnissen vorstellen können. Der Logiker ist darüber hinaus an allen Welten interessiert, die logisch möglich sind, d.h. solchen, die man ohne logischen Widerspruch beschreiben kann. Es ist ziemlich klar, daß viele logisch mögliche Welten sozusagen in der Praxis nicht möglich sind; z.B. ist es logisch möglich, daß das, was Sie jetzt lesen, nicht ein Logikkompendium, sondern das sozialdemokratische Parteiprogramm ist, aber "in der Praxis" sind Sie natürlich davon überzeugt, daß das nicht der Fall ist.

Was in allen logisch möglichen Welten wahr ist, wird nicht mit "sicher" sondern meist als **notwendig** bezeichnet. Die Logik, die die Eigenschaften von Begriffen wie "möglich" und "notwendig" untersucht, heißt **Modallogik**.

Diesen Begriffen entsprechen, wie wir gesehen haben, im Deutschen Ausdrücke wie es ist möglich, daß, gefolgt von einem Nebensatz. Das Gleiche kann auch durch ein modales Hilfsverb ausgedrückt werden, vgl.

(4) Es kann morgen Gewitter geben.

oder durch Satzadverbien wie vielleicht.

Die Logiker verwenden einen Formalismus, der syntaktisch den natürlichen Sprachen ziemlich ähnlich ist. Man führt zwei neue logische Konstanten $\underline{M}$ und $\underline{N}$ ein, die man vor einen beliebigen Satz setzen kann, um einen neuen Satz zu erhalten. $\underline{Mp}$ ist dann zu lesen "es ist möglich, daß $\underline{p}$" und $\underline{Np}$ "es ist notwendig, daß $\underline{p}$" (oder auch: "es ist sicher, daß $\underline{p}$"). $\underline{M}$ und $\underline{N}$ werden **modale Operatoren** genannt. Man kann mehrere Modaloperatoren hintereinander setzen und sie im übrigen mit dem Negationsoperator mischen, z.B.

(5) MNMM ~ Mp   (wie ist das zu lesen?)

Zwischen den beiden Modaloperatoren gibt es bestimmte logische Beziehungen. Sie lassen sich durch folgende Tautologien angeben:

(6) Mp ≡ ~N~p   "es ist möglich, daß $\underline{p}$ ist äquivalent zu: es ist nicht notwendig, daß nicht $\underline{p}$"

(7) Np ≡ ~M~p   "es ist notwendig, daß $\underline{p}$ ist äquivalent zu: es ist nicht möglich, daß nicht $\underline{p}$"

Bei einem strengeren Aufbau der Semantik als hier durchgeführt lassen sich diese intuitiv einleuchtenden Äquivalenzen zu Zwecken der Definition benutzen, indem man zunächst die Bedeutung des Notwendigkeitsoperators festlegt und dann den Möglichkeitsoperator mithilfe einer Definition, die ähnlich aussieht wie (7), aus ihm definiert. Auf folgende Weise kann man sich die Plausibilität von z.B. (6) klarmachen: Wenn etwas möglich ist, gibt es mindestens eine Welt, in der es wahr ist. D.h. daß nicht der Fall sein kann, daß es in allen Welten falsch ist. Daß p falsch in allen Welten ist, bedeutet, daß notwendig ist, daß ~p. Es ist nun leicht einzusehen, daß "es ist nicht falsch in allen Welten, daß $\underline{p}$" (also "es ist möglich, daß $\underline{p}$") dasselbe ist wie "es ist nicht notwendig, daß nicht $\underline{p}$". Auf gleiche Weise ist (7) erklärbar. (Diese Beziehungen sind auf gewisse Weise verwandt den Beziehungen zwischen Existenz- und Allquantor, vgl. p. 71).

Wichtig ist, daß im allgemeinen der Wahrheitswert eines Satzes wie

(8) N (p → q)

nicht eine Funktion der Wahrheitswerte von p und q ist. Der Grund ist, daß wir - ganz ähnlich wie bei der Bewertung des weil-Satzes in Kap. 3.7 - auf die vorhandenen Welten sozusagen "Rücksicht nehmen" müssen; ein zweites Mal salopp ausgedrückt: um zu wissen, ob p → q in allen Welten wahr ist, müssen wir wissen, was "alle Welten" sind, und was in ihnen los ist.
Eine Interpretation für eine Sprache mit Modaloperatoren enthält deswegen auch eine Menge W von möglichen Welten sowie eine auf dieser Menge W definierte Relation R, die häufig als Zugänglichkeitsrelation (engl. accessibility relation) bezeichnet wird. Sie gibt für die einzelnen Welten aus W an, welche anderen Welten von ihr aus zugänglich sind. Je nachdem wie diese Relation im gegebenen Fall aussieht, können von zwei verschiedenen Welten w_1 und w_2 aus ganz verschiedenen Mengen von Welten "zugänglich" sein. Wenn in allen Welten, die von w_1 aus zugänglich sind, p → q wahr ist, dann ist in w_1 (aber vielleicht nur dort) der Satz (8) wahr. Es könnte sein, daß von w_2 aus eine Welt zugänglich ist, in der p → q falsch ist. In w_2 ist dann (8) nicht wahr. Eine solche Situation ist in Figur 31 skizziert:

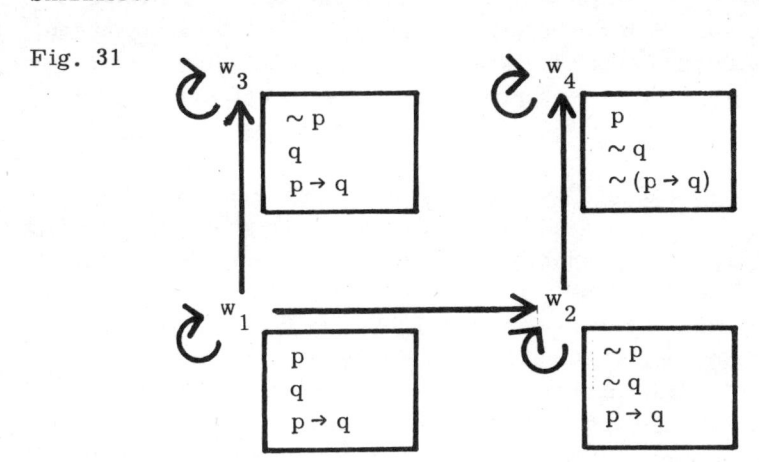

Fig. 31

w_3: ~p, q, p → q

w_4: p, ~q, ~(p → q)

w_1: p, q, p → q

w_2: ~p, ~q, p → q

Wir haben hier vier Welten (w_1 bis w_4), die sich durch die Bewertungen der Satzvariablen p und q unterscheiden; d.h. z.B. in w_1 sind p und q wahr, entsprechend auch p → q, in w_4 dagegen ist p wahr, q aber falsch und deswegen ~q wahr, und damit auch p → q falsch und ~(p → q) wahr, wie der Leser leicht nachvollziehen kann. Die in einer Welt wahren Sätze sind in dem jeweiligen entsprechenden Kästchen aufgeführt (die Listen sind nicht vollständig, z.B. ist in w_1 auch p & q wahr, ferner sind in allen Welten die Tautologien wie p ∨ ~p wahr).
Die Zugänglichkeitsrelation R ist in Figur 31 durch die Pfeile angegeben. Es gilt also: R (w_1, w_3), R (w_1, w_2), R (w_2, w_4), d.h. w_3 und w_2 sollen von w_1

aus zugänglich sein, $\underline{w}_4$ soll von $\underline{w}_2$ aus zugänglich sein. Ferner gilt, wegen der Reflexivität von $\underline{R}$, $R(w_1, w_1)$, $R(w_2, w_2)$, $R(w_3, w_3)$ und $R(w_4, w_4)$, was durch die zurückgebogenen Pfeile angedeutet ist. Ist damit auch $\underline{w}_4$ von $\underline{w}_1$ aus zugänglich, bzw. gilt $R(w_1, w_4)$? Wir haben uns mit anderen Worten zu entscheiden, ob $\underline{R}$ transitiv sein soll. Wir prüfen hier nun den Fall, daß $\underline{R}$ nicht transitiv ist, ferner soll es reflexiv und asymmetisch sein. Von $\underline{w}_1$ aus sind dann folgende Welten zugänglich: $\underline{w}_3$, $\underline{w}_2$ und $\underline{w}_1$ (Reflexivität von $\underline{R}$!); in ihnen allen ist $\underline{p \rightarrow q}$ wahr, daher ist in $\underline{w}_1$ $\underline{N(p \rightarrow q)}$ wahr. Auch in $\underline{w}_3$ ist $\underline{N(p \rightarrow q)}$ wahr; die einzige von $\underline{w}_3$ aus zugängliche Welt ist $\underline{w}_3$ selbst (Reflexivität von $\underline{R}$), und dort ist $\underline{p \rightarrow q}$ wahr. Etwas anderes liegt vor für $\underline{w}_2$, von dem aus $\underline{w}_4$ zugänglich ist. Da dort $\underline{p \rightarrow q}$ falsch ist, ist in $\underline{w}_2$ der Satz $\underline{N(p \rightarrow q)}$ falsch. In $\underline{w}_4$ schließlich gilt $\underline{N \sim (p \rightarrow q)}$.

Diese hier an einem Beispiel etwas ausführlicher dargestellte Abhängigkeit modallogischer Ausdrücke von den Verhältnissen, die in zugänglichen Welten herrschen, ist gemeint, wenn wir sagen, daß modale Operatoren "nicht wahrheitsfunktional" sind - anders als z.B. unsere Negation, die zwar gleichfalls ein Operator ist (d.h. man verknüpft sie mit einem Satz und erhält wieder einen Satz), aber mit einer weltenunabhängigen Semantik. Das Gleiche gilt für die anderen in Kap. 3.2 besprochenen aussagenlogischen Verknüpfungen. Sie sind zweistellige Operatoren, die wie die Negation zu Zwecken der Logik eine konstante Interpretation haben; modallogisch gesehen stellen sie also einen Spezialfall dar.

Das Aussehen der Zugänglichkeitsrelation (an unserem Beispiel nicht weiter modifiziert) ist für die Semantik natürlicher Sprachen von großer Bedeutung. Schon in der nicht linguistisch orientierten Modallogik ist ausführlich diskutiert worden, welche Theoreme ein modallogisches System enthält in Abhängigkeit davon, welche Eigenschaften die Relation $\underline{R}$ haben soll; d.h. $\underline{R}$ kann eine oder mehrere der Eigenschaften "reflexiv", "symmetrisch", "transitiv" haben. Für den Linguisten sind diese Überlegungen insofern interessant, als durch diese und andere Eigenschaften von $\underline{R}$ sich die Bedeutungen von "logisch notwendig" und anderen Arten der Notwendigkeit unterscheiden, die wahrscheinlich den tatsächlichen Bedeutungen modaler

Operatoren in natürlichen Sprachen viel mehr entsprechen.[1]

6.2 Modale Operatoren und Quantoren

Wovon wir bisher gesprochen haben, könnte man "modale Aussagenlogik" nennen, da wir die modalen Operatoren rein als Erweiterung der Aussagenlogik betrachtet haben. Sie lassen sich jedoch auch mit der Prädikatenlogik kombinieren. Das folgende Beispiel ist ein Satz der Prädikatenlogik mit Operatoren:

(1) $N \exists x \ F(x)$ "Es ist notwendig, daß es ein x gibt, so daß F (x)"

Dabei entstehen eine Reihe semantischer Probleme, die auch von linguistichem Interesse sind. Vgl. folgende Ausdrücke:

(2) $N \exists x \ F(x)$

(3) $\exists x \ N \ F(x)$

Sei N der umgangssprachliche Operator "sicher", F das Prädikat "mogeln" und der Variationsbereich von x die Schüler einer bestimmten Schulklasse. Dann könnten (2) und (3) für jeweils folgende Sätze stehen:

(2') Es ist sicher, daß es einen Schüler gibt, der mogelt.

(3') Es gibt einen Schüler, von dem es sicher ist, daß er mogelt.

Wir sehen, daß (2) und (3) nicht das Gleiche bedeuten, da (3) fordert, daß es einen bestimmten Schüler gibt, von dem man weiß, daß er mogelt, während (2) nur beinhaltet, daß man weiß, daß die Anzahl der Schüler, die mogeln, mindestens einen beträgt, obwohl nicht sicher ist, daß man den betreffenden identifizieren kann. Mit anderen Worten: der modale Operator hat in (2) und (3) unterschiedlichen Skopus: in (2) ist sein Skopus "daß es einen Schüler gibt, der mogelt" (x F (x)), in (3) "daß er mogelt" (F (x)). Auch hier wird in den Ausdrücken der Logik der Skopus eindeutig bezeichnet: wenn es keine Klammern gibt, oder etwas anderes, das zeigt, daß der Skopus zu Ende ist,

---

[1] Die Diskussion der Zugänglichkeitsrelation hier macht vielleicht klar, was oben im Kapitel über Relationseigenschaften (4.2) nicht explizit gesagt worden war: Relationen sind semantische Beziehungen zwischen Objekten; ihnen entsprechen auf syntaktischer Seite Prädikate. Beide Begriffe sind also streng zu trennen. Eigentlich gehörte daher Kap. 4.2 in die zweite, "semantische" Hälfte von Kap. 4. Da jedoch dort eine Semantik für Ausdrücke mit mehrstelligen Prädikaten nicht weiter entwickelt wird (vgl. die Bemerkung p. 71) und wegen der Entsprechung von Relationen und Prädikaten ist das Kapitel dort eingeordnet worden, wo es steht. (Die Terminologie ist auf diesem Gebiet übrigens nicht einheitlich, vgl. P. Lutzeier (1973)).

operiert der modale Operator auf dem gesamten rechts von ihm stehenden Ausdruck. Für den Linguisten ist interessant, daß z.T. die Skopusunterschiede in der "Oberflächenstruktur" natürlicher Sprachen getilgt sind, wie z.B. in (4), der ambig ist in Bezug auf die beiden Lesearten (2) und (3), die in der Logik durch die Bezeichnungen opak und transparent (oder de dicto bzw. de re) unterschieden werden.

(4) Einer der Schüler mogelt sicher.

Unsere Prädikatenlogik mit modalen Operatoren ist dagegen in der Lage, den besagten Unterschied auszudrücken, und gewährleistet darüberhinaus, daß aus den beiden Lesearten für (4) zwei verschiedene Mengen anderer Sätze abgeleitet werden können.

Eine Reihe anderer Begriffe als die hier besprochenen haben logische Eigenschaften, die an die von "möglich" und "notwendig" erinnern. Für sie kann man logische Systeme konstruieren, die auch zur Modallogik im weiteren Sinn gerechnet werden können. Beispielsweise kann man Operatoren einführen, die den Begriffen "erlaubt" und "obligatorisch" natürlicher Sprachen entsprechen und sich sehr ähnlich wie "möglich" und "notwendig" verhalten. Auf die gleiche Weise, wie "es ist möglich, daß p" gleichbedeutend ist wie "es ist nicht notwendig, daß nicht p" ist dann "es ist erlaubt, daß p" gleichbedeutend mit "es ist nicht obligatorisch, daß nicht p". Die Logik der Begriffe "erlaubt" und "obligatorisch" wird deontische Logik genannt.

6.3   Übungen

1. Welchen Skopus hat N in den folgenden Ausdrücken?

   (a) N ∀x F (x)
   (b) ∀x (N ∃y (F (x, y)))

2. Übersetzen Sie in Aussagenlogik mit modalen Operatoren:

   Es ist notwendig, daß es entweder schneit oder nicht schneit.

3. Beantworten Sie folgende Fragen zu der Interpretation modallogischer Ausdrücke, die durch Figur 33 skizziert wird (R sei wie oben reflexiv, asymmetrisch und nicht transitiv):

   (a) In welcher Welt in Fig. 33 gilt Nq?
   (b) In welcher Welt in Fig. 33 gilt Np?
   (c) In welchen Welten in Fig. 33 gilt N ∼ q?
   (d) Gilt in w_1 der Satz N (p & q)? Begründen Sie Ihre Antwort.

4. Angenommen, $\underline{R}$ in Fig. 33 sei reflexiv, asymmetrisch und transitiv. Ist dann $\underline{N\,(p \to q)}$ in $\underline{w}_1$ wahr? Begründen Sie Ihre Antwort.

5. Übersetzen Sie in Prädikatenlogik mit modalen Operatoren:

   Alle Studenten lesen möglicherweise eine Zeitung.

   (Sechs Möglichkeiten!)

7 LOGIK FÜR LINGUISTEN ?!?

In diesem abschließenden Kapitel soll diskutiert werden, inwieweit man der Ansicht sein kann, daß die Logik Linguisten von Wert ist. Es liegt in der Natur der Sache, daß das folgende anfechtbar ist, als was wir in den vorigen Kapiteln dargestellt haben, wo wir uns auf die Wiedergabe von allgemein akzeptierten Dingen beschränkt haben.

In der Einleitung sagten wir, daß man die Logik als den interessantesten aller Versuche ansehen kann, der bislang unternommen worden ist, um die Struktur der Inhaltsseite der Sprache zu beschreiben. Man kann sich nun fragen: ist die Logik überhaupt ein adäquates Modell, um diese Struktur zu beschreiben? Die Frage muß eindeutig verneint werden, und wir werden eine Anzahl Punkte vorführen, für die die Logik, die wir dargestellt haben, uns nicht die Antworten gibt, die wir gerne hätten.

Es ist nicht besonders schwer, für diese Tatsache Erklärungen zu finden. Zunächst einmal sehen es die meisten Logiker nicht als Hauptaufgabe der Logik an, die Struktur von natürlichen Sprachen zu beschreiben. Die Struktur umgangssprachlicher Ausdrücke ist für den Logiker nur in dem Maße interessant, wie sie ihm Regeln dafür liefern kann, wie man richtige Schlüsse zieht. Aber da in der Praxis fast alle Aspekte der semantischen Struktur von Sätzen eine Rolle in irgendeiner Form von Schlüssen spielen kann, ist fast alles in der Semantik natürlicher Sprachen von potentiellem Interesse für den Logiker. Im Prinzip dürfte es also keine so große Rolle spielen, ja, tatsächlich nicht einmal eine wirkliche Alternative sein, ob man sich mehr für Schlüsse als für sprachliche Ausdrücke interessiert. Es gibt jedoch bestimmte, verkomplizierende Faktoren. Als man anfing, Logik zu studieren, ging man von Sätzen der natürlichen Sprache aus. Bald jedoch entdeckte man, daß diese Sätze unangenehme Eigenschaften wie Vagheit, Vieldeutigkeit, strukturelle Unklarheit und Abhängigkeit der Bedeutung von der Sprechsituation aufwiesen. Dieses führte allmählich dazu, daß man eine Art und Weise, Bedeutungen zu symbolisieren, zu finden versuchte, die diese bedauerlichen Mängel nicht aufwies. Die formalisierte Logiksprache, die wir in diesem Kompendium gebracht haben, ist z. T. in dieser Absicht konstruiert worden. In logischen Handbüchern gibt es allerdings ein gewisses Oszillieren zwischen (a) der Ansicht, daß man die Ausdrücke der Logik-Syntax als Formalisierungen von Sätzen aus natürlichen Sprachen betrachten soll, und (b) der Ansicht, daß die Ausdrücke der Logik eine neue "Sprache" ausmachen, die nicht die Mängel der Umgangssprache aufweist. B. Mates schreibt in der Einleitung zu seiner Logik, daß es eigentlich keine so große Rolle spielt, ob die eine oder andere Alternative richtig ist. Dies gilt vielleicht für den Logiker, aber für den Linguisten ist die Frage natürlich in hohem Maße relevant.

Wenn man Ausdrücke der Umgangssprache entdeckte, die vom logischen Standpunkt aus problematisch erschienen, hat man sich oft so verhalten, daß man sie ganz einfach syntaktisch nicht zuließ. Für einen Linguisten sieht das natürlich wie eine Vogel-Strauß-Haltung aus, aber dem Logiker, der häufig nur eine Ausdrucksweise schaffen will, die für axiomatisierte Wissenschaften adäquat ist, erscheint es vollkommen angemessen, den Wildwuchs der Umgangssprache herauszuschneiden. Oft gibt es auch keinen Bedarf an diesen Ausdrücken in solchen Wissenschaften. Als Beispiel kann man "egozentrische Ausdrücke" anführen, z.B. Personalpronomina wie _ich_, _du_, _wir_, _ihr_, die ziemlich überflüssig sind, wenn man Mengen- oder Zahlentheorie treibt.

Wenn wir hier alle Gebiete aufzählen, wo die Logik unzureichend ist, ist das also nicht unbedingt eine Kritik gegen die Logik als Logik besehen, sondern nur gegen die klassische Logik als ein Erklärungsmodell für natürliche Sprache, also als etwas, als das sie sich selbst auch nicht versteht. Andererseits ist es auch wieder nicht allzu schwer, Beispiele zu finden, für die die Logik als Theorie von Schlüssen nicht funktioniert. Es lassen sich leicht Schlüsse vorweisen, die wir intuitiv als richtig empfinden, die aber in der klassischen Prädikatenlogik nicht ausdrückbar sind, z.B.:

(1) Prämisse: Um zwölf Uhr schlief Fritzchen ein.
    Konklusion: Unmittelbar vor zwölf Uhr war Fritzchen wach.

Wir werden uns nun den Gründen dafür zuwenden, daß die Logik - zumindest bei ihrer Einschränkung auf den Prädikatenkalkül erster Stufe - kein für die Inhaltsseite der Sprache adäquates Modell ist. Unter "Logik" soll also im folgenden, falls nicht anders angegeben, "Prädikatenlogik der ersten Stufe" verstanden werden.

Zunächst werden wir einige grundsätzliche Unterschiede zwischen natürlichen Sprachen und Logik erwähnen. Ein paar Seiten zuvor gebrauchten wir die Kennzeichnung "situationsabhängig" für Sätze natürlicher Sprachen. Auf mehrfache Weise läßt sich sagen, daß die Interpretation eines Satzes von Situationen oder Kontexten abhängig ist. Ein Fall ist der Gebrauch dessen, was Logiker meistens "egozentrische" und Linguisten eher deiktische Ausdrücke nennen, also Ausdrücke, deren Bedeutung von der Sprechsituation abhängen.

Das Pronomen _ich_ z.B. bezeichnet ja verschiedene Individuen, je nachdem, wer den Satz äußert. Andere Beispiele sind Adverbien wie _jetzt_ und _hier_ und Demonstrativpronomina wie _dieser_. Solche Ausdrücke fehlen in der Sprache der Logik vollkommen. Aber auch andere als egozentrische Ausdrücke können situationsabhängige Bedeutung haben, z.B. definite Deskriptionen, wie _der Bischof von Göteborg_. Welches Individuum diese Deskription bezeichnet, ist davon abhängig, von welchem Zeitpunkt wir ausgehen. Ein Satz wie _Im Jahre 1960 wurde der Bischof von Göteborg fünfzig Jahre alt_ kann auf zwei Weisen verstanden werden, je nachdem wir die Beschreibung _der Bischof von Göteborg_ für das Jahr 1960 oder den jetzigen Zeitpunkt gelten lassen; anders ausgedrückt: ob wir meinen "derjenige, der 1960 Bischof von G. war" oder "derjenige, der jetzt Bischof von G. ist". Das Gleiche gilt für Sätze; man kann nicht einfach einen Satz wie _Es regnet_ hernehmen und sich fragen, ob er wahr ist oder nicht, sondern man muß auch angeben, an welche Zeit und welchen Ort man denkt, da der Satz z.B. in Bad Godesberg wahr, in Bonn-Beuel jedoch falsch sein kann, oder heute wahr sein und morgen falsch sein kann. In den letzten Jahren haben eine Reihe von Logikern versucht, logische Systeme zu konstruieren, die mit solchen Problemen fertig werden. Ein möglicher Weg ist, den Begriff R e f e r e n z p u n k t einzuführen und zu sagen, daß ein Satz einen Wahrheitswert nur in Bezug auf einen Referenzpunkt hat. Der Satz Es regnet hätte z.B. den Wahrheitswert "falsch" für den Referenzpunkt "Göteborg, 21.15 Uhr, 1.4.1972". (In diesem Fall wäre ein Referenzpunkt ein Tripel aus Ort, Uhrzeit und Tag; man kann jedoch auch noch komplizierte Referenzpunkte einführen, z.B. mit einer Stelle für "Person"). Diese Überlegungen hängen auf das innigste mit der Konstruktion einer Z e i t l o g i k zusammen, d.h. einer Logik, die Konstanten und Interpretationen für das hat, was dem Tempus natürlicher Sprachen entspricht.

Das hat auch zur Folge, daß der Propositionsbegriff problematisch wird. Offenbar kann ein Satz verschiedene Dinge über die Welt aussagen, selbst wenn er grammatisch eindeutig aussieht; z.B. erfahren wir etwas anderes über die Welt wenn Nixon sagt _Ich bin hungrig_, als wenn Mao das Gleiche sagt. Trotzdem würden wir sagen wollen, daß dieser Satz stets die gleiche logische Form hat. Wenn wir also "Proposition" definieren als "das, was der Satz über die Welt aussagt", haben wir nicht länger eine ein-eindeutige Relation zwischen logischen Formen und Propositionen.

Hiermit hängt noch eine andere Fragestellung zusammen. In dem Abschnitt über die Semantik der Prädikatenlogik haben wir gesehen, daß man z.B. ein Prädikat interpretieren kann, indem man aufzählt, für welche Objekte das Prädikat zutrifft. Das hieß, die "Extension" des betreffenden Prädikats angeben. Das ist nun aber deutlich nicht das, was wir mit "Bedeutung" eines Prädikats meinen. Nehmen wir z.B. das Adjektiv _klug_. Wenn die Extension von klug das gleiche wäre wie seine Bedeutung, würde sich die Bedeutung ändern, sobald jemand, der zuvor nicht klug war, es wird, was ja sehr unwahrscheinlich wäre. Eher kann man wohl behaupten, daß die Kenntnis dessen, was klug bedeutet, es ausmacht, daß man bei genügender Information über ein Individuum sagen kann, ob er in der Extension von klug ist oder nicht. Wovon man schon vorher Kenntnis hat, ist die Intension des Wortes klug. In der klassischen Prädikatenlogik versucht man, ohne die Intensionen von Ausdrücken auszukommen. Allgemein gilt, daß Ausdrücke mit der gleichen Extension als synonym und in allen Kontexten austauschbar betrachtet werden (Extensionalitätsprinzip). In natürlichen Sprachen ist das nicht der Fall, was schon seit langem bekannt ist. Die Ausdrücke Schwedens zweitgrößte Stadt und Göteborg haben dieselbe Extension, d.h. bezeichnen dieselbe Sache in der Welt. Jedoch nicht in allen Kontexten lassen sich die beiden Ausdrücke vertauschen, ohne daß der Wahrheitswert des Satzes, in dem sie vorkommen, sich verändert.

(2) Fritzchen weiß nicht, daß er in Schwedens zweitgrößter Stadt wohnt.

kann wahr sein, während

(3) Fritzchen weiß nicht, daß er in Göteborg wohnt.

falsch sein kann.

Schon in den vorigen Kapiteln notierten wir eine Anzahl Punkte, in denen die Sprache der Logik sich von natürlichen Sprachen unterscheidet. Wir können hier einige von ihnen zusammenfassen:

Die Aussagenlogik beschäftigt sich vor allem mit den logischen Eigenschaften der Satzverknüpfungen, welchen in der Umgangssprache am ehesten die Wortklasse der Konjunktionen entspricht. Wie wir uns erinnern, sind die Verknüpfungen der Aussagenlogik sämtlich wahrheitsfunktional. In vielen Fällen ist es jedoch zweifelhaft, ob die entsprechenden Konjunktionen diese Eigenschaft haben. Außerdem gibt es bekanntlich eine große Anzahl Konjunktionen in natürlichen Sprachen, die keiner der logischen Verknüpfungen ähneln.

In der Prädikatenlogik sahen wir, daß die meisten der quantifizierten Ausdrücke der Umgangssprache keine logischen Entsprechungen haben. Wir sahen auch, daß die Formalisierungen, die die Prädikatenlogik für Sätze wie Alle Mädchen sind hübsch ermöglicht, aus verschiedenen Gründen recht zweifelhaft sind. Es folgen nun einige andere Probleme, die wir in den vorigen Kapiteln noch nicht erwähnt haben.

Es gibt in der Prädikatenlogik nichts, was der traditionellen Einteilung in Wortklassen entspricht: wenn man Sätze in die Prädikatenlogik übersetzt, werden sowohl Substantive wie Adjektive und Verben durch "Prädikate" ersetzt. In jener Richtung der generativen Grammatik, die "Generative Semantik" genannt wird, pflegt man zu behaupten, daß in der Tiefenstruktur von Sätzen diese Wortarten sich nicht unterscheiden. Es muß jedoch bezweifelt werden, daß dies eine adäquate Beschreibung ist, und die Frage ist, ob es nicht außer den grammatischen Unterschieden auch logische Unterschiede zwischen diesen Wortarten gibt.

Im System der Prädikatenlogik kann man ferner keinen Unterschied zwischen Artbezeichnungen (Appelativa) und Stoffbezeichnungen (mass nouns) machen. Insbesondere Stoffbezeichnungen sind nicht sprachlich ausdrückbar: wie formalisiert man z.B. einen Satz wie Fritzchen trinkt Tee? "Es gibt ein x derart, daß Fritzchen x trinkt und x ist Tee"?

Weiter können wir auf Wortklassen und Ausdrücke verweisen, die überhaupt nicht in die Logik aufgenommen sind, z.B. Präpositionen und Adverbien verschiedener Art. Erwähnt werden muß allerdings, daß einige Logiker versucht haben, Adverbien als Prädikate höherer Stufe zu analysieren, also als Prädikate, die von anderen Prädikaten prädiziert werden.

Was den Artikel des Substantivs betrifft, hat man wie gesagt einen speziellen Operator, den Jota-Operator, eingeführt, der dem bestimmten Artikel entsprechen soll. Er unterscheidet sich jedoch von dem normalen bestimmten Artikel dadurch, daß er sozusagen nur im Singular gebraucht werden kann. Ausdrücke wie die EWG-Mitgliedstaaten lassen sich mit ihm nicht ausdrücken.

In der Prädikatenlogik läßt sich auch kein Unterschied zwischen Sätzen wie den folgenden machen:

(4) Hunde bellen.

(5) Alle Hunde bellen.

(6) Die Hunde bellen.

(7) Alle die Hunde bellen.

Alle Sätze würden vermutlich übersetzt werden als $\forall x \ (F(x) \rightarrow G(x))$, obwohl sie sich deutlich bedeutungsmäßig unterscheiden.

Ein anderes sprachliches Phänomen, das die normale Prädikatenlogik nicht wiedergeben kann, ist die Einteilung des Satzes in topic (das, wovon der Satz handelt) und comment (das, was ausgesagt wird über das, wovon der Satz handelt). Die Sätze

(8) Die Katze jagt die Ratte.

(9) Die Ratte wird von der Katze gejagt.

unterscheiden sich dadurch, daß die Katze topic in (8) und die Ratte topic in (9) ist. In prädikatenlogischer Notation sieht man keinen Unterschied, da Subjekt und Objekt Argumente auf der gleichen Stufe sind:

(10) J (k, r)

Daß das eine Argument vor dem anderen steht, spielt in diesem Zusammenhang keine Rolle.

Man müßte eine Notation konstruieren, die die sprachlichen topic-comment-Strukturen deutlicher zeigte. Anstatt zu sagen, daß (8) wie (9) eine Kombination von einem Prädikat und zwei Argumenten ist, sollte man eher sagen, daß es sich bei ihnen um Kombinationen von einer Individuenkonstante (k in (8), r in (9)) mit einer Satzfunktion (J (x, r) in (8), J (k, x) in (9)) handelt, wobei die Satzfunktionen eine Eigenschaft ("die Ratte jagen" bzw. "von der Katze gejagt werden") ausdrückt, die von dem betreffenden Individuum ausgesagt wird.

Satzfunktionen scheinen auch eine Rolle in anderen Zusammenhängen zu spielen, etwa bei der logischen Struktur von Relativsätzen und Sätzen mit Fragepronomina. Wir stoßen damit auf eine andere Begrenzung der traditionellen Logik, nämlich, daß sie keine Frage- und Befehlssätze enthält. Das heißt nicht, daß man keine logische Analyse solcher Sätze durchführen kann. Eine Frage wie

(11) Wer ist krank?

kann man als Aufforderung dazu betrachten, den leeren Platz in der Satzfunktion "_____ ist krank" auszufüllen. Man hat teilweise einen speziellen Frageoperator, ? x, eingeführt; (11) wäre dann so zu übersetzen:

(12) ? x F (x)

Nach dieser Aufzählung von Mängeln und Schwächen, die die Logik als Sprachtheorie aufweist, fragt sich der Leser vielleicht, warum wir überhaupt es der Mühe wert finden, daß ein Linguist sich mit Logik beschäftigt. Das erste, woran man sich erinnern möge, ist, daß wir eher eine bestimmte Logik als die Logik und die Methoden der logischen Analyse allgemein kritisiert haben. Wie wir schon angedeutet haben, sind viele Logiker (und Linguisten) gegenwärtig damit beschäftigt, die traditionelle Logik so zu erweitern, daß sie die Probleme lösen kann, die wir in diesem Kapitel umrissen haben. Schon die Einführung der Modallogik kann als Schritt in diese Richtung gesehen werden. Um diese Unternehmungen zu verstehen, sind jedoch Kenntnisse der klassischen Logik unabdingbar.

Ein anderes wichtiges Faktum ist, daß die traditionelle Logik, obgleich sie kein adäquates Modell für die Sprache ist, den großen Vorteil hat, e x p l i z i t zu sein. Die Entwicklung der generativen Grammatik hat gezeigt, daß ein explizites Modell - auch ein falsches - dazu dienen kann, die Probleme in den Griff zu bekommen, indem es klarmacht, was man weiß und was nicht. Indem wir das prädikatenlogische Modell für die Sprache prüfen, erhalten wir u.a. dadurch Einsicht in die Struktur der Sprache, daß wir die Unzulänglichkeiten des Modells erkennen.

Kap. 1.5

1. (a) b ∈ C, (b) C ⊂ D, (c) A ∪ C, (d) {d, e, g}
2. (a) die Mädchen, die John geküßt hat, (b) die dänischen Philosophen (oder: die Dänen, die Philosophen sind, oder: die Philosophen, die Dänen sind)
3. {{Petzi}, {Pelle}, {Pingo}, {Petzi, Pelle}, {Pelle, Pingo}, {Petzi, Pingo}, {Petzi, Pelle, Pingo}, ∅}
4. wahr: (a), (c), (d), (f); falsch: (b), (e)
5.

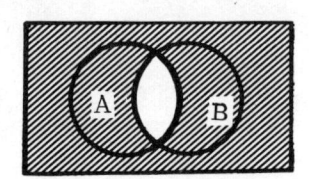

6. wahr: (a), (b), (d), (e), (g); falsch: (c), (f)
7. (a) A, (b) 1, (c) ∅, (d) 1
8. (a) {(a, a), (a, b)}
   (b) {(b, b), (b, c), (c, b), (c, c)}

Kap. 3.7

1. (b), da es nicht als p & q gedeutet werden kann (es ist nicht synonym mit Karl ist Bundesbruder und Fritzchen ist Bundesbruder).
2. (a) p → q, (b) p & q, (c) p → q, (d) (p ∨ q) & ~r, (e) ~(p ∨ q) → r, (f) ~p → q.
3. wahr: (d), (e), (f). falsch: (a), (b), (c).
4. (a), (c), (d), (f).

5. Nein. Ein Satz wie Fritzchen ist froh, weil Eva zu Hause ist kann z.B. wahr oder falsch sein, wenn beide verknüpften Sätze wahr sind; also ist der Wahrheitswert von p weil q nicht eine Funktion der Wahrheitswerte von p und q.
6. (a) Apq, (b) ENpq, (c) EApqKpq.
7. (a) p & ~q, (b) (((p ≡ q) & r) ∨ s) → t, (c) (p → q) ≡ (~q → ~p)

Kap. 4.7

1. (a) Berta liebt Algot. (b) Dragos verachtet Cassius, aber Cassius ist stärker als Dragos. (c) Dragos ist stärker als alle Affen. (d) Ein Affe liebt eine Banane. (e) Kein Affe ist stärker als Dragos. (f) Wenn alle Affen sind, ist Dragos ein Affe.
2. (a) D(o), (b) S(a) & L(b), (c) K(a) ∨ ~S(a), (d) L(l, k) & ~ L(k, l), (e) ~∃x (J(x) & L(x, l), (f) zwei Möglichkeiten: ∀x (S(x)→∃y (B(y) & L(x, y))) oder: ∃y ∀x (S(x) → (B(y) & L(x, y)), (g) ~∃x (S(x) & ∀y (Z(y) → L(x, y)), (h) ~∀x (D(x) → S(x, s)), (i) (∀x (S(x) → A(x)) → ~∃x (S(x) & F(x))
3. (a) ist äquivalent mit (c), (b) ist äquivalent mit (f), (d) ist äquivalent mit (g).
4. (a) reflexiv, transitiv, symmetrisch, mehr-mehrdeutig.
   (b) irreflexiv, transitiv, asymmetrisch, mehr-mehrdeutig.
   (c) nicht-reflexiv, transitiv, nicht-symmetrisch, mehr-mehrdeutig.
   (d) irreflexiv, intransitiv, asymmetrisch, ein-mehrdeutig.

Kap. 5.4

Modus Ponens, universelle Instanzierung

Kap. 6.3

1. (a) N ∀x F(x), (b) ∀x (N ∃y (F(x, y)))
2. N (p ∨ ~ p)
3. (a) in $\underline{w}_3$, (b) in $\underline{w}_4$, (c) in $\underline{w}_2$ und $\underline{w}_4$, (d) Nein, da z.B. in $\underline{w}_3$, das von $\underline{w}_1$ zugänglich ist, p & q falsch ist. Auch in $\underline{w}_2$, das von $\underline{w}_1$ zugänglich ist, ist p & q falsch.
4. Nein, da bei Transitivität von R gilt: R(w_1, w_4), womit von $\underline{w}_1$ eine Welt zugänglich ist, in der p → q falsch ist.
5. M ∀x (S(x) → ∃y (Z(y) & L(x, y))) oder eine der weiteren fünf Möglichkeiten
   M ∃y ∀x   (S(x) → (Z(y) & L(x, y)))
   ∀x M ∃y   (S(x) → (Z(y) & L(x, y)))

∀x ∃y M   (S(x) → (Z(y) & L(x, y)))
∃y ∀x M   (S(x) → (Z(y) & L(x, y)))
∃y M ∀x   (S(x) → (Z(y) & L(x, y)))

LITERATURVERZEICHNIS

Carnap, Rudolf: Meaning and Necessity. A Study in Semantics and Modal Logic. Chicago 1947, ^{2}1956
Frege, Gottlob: Funktion, Begriff, Bedeutung. Fünf logische Studien. Hg. von G. Patzig. Göttingen ^{2}1966
- : Logische Untersuchungen. Hg. von G. Patzig. Göttingen 1966
Hall Partee, Barbara: Montague Grammar and Transformational Grammar. (unveröffentl. Papier) University of California at Los Angeles 1972
Halmos, Paul R.: Naive Mengenlehre. Deutsche Ausgabe Göttingen 1968
Hintikka, Jaakko: Models for Modalities. Selected Essays. Dordrecht 1969
Hughes, G.E. und Cresswell, M.J.: An Introduction to Modal Logic. London 1968
Ishiguro, Hidé: Leibniz's Philosophy of Logic and Language. London 1972
Keenan, Edward: A Logical Base for English. University of Pennsylvania Dissertation 1969
- : Semantically Based Grammar. Göteborg 1972 (OSCULD)
Kutschera, Franz v.: Sprachphilosophie. München 1971
Lemmon, E.J.: Beginning Logic. London 1965
Lewis, David: General Semantics. In: Semantics of Natural Language. Hg. von D. Davidson und G. Harman. Dordrecht 1972 S. 169 - 218
Lutzeier, Peter: Modelltheorie für Linguisten. Tübingen 1973
Mates, Benson: Elementare Logik. Deutsche Ausgabe Göttingen 1969
Montague, Richard: English as a Formal Language. In: Linguaggi nella società e nella tecnica. Hg. von B. Visentini. Mailand 1970 S. 189 - 223
- : Universale Grammatik. Übers. u. komm. von H. Schnelle. Braunschweig 1972
- : The proper treatment of quantification in ordinary English. In: Approaches to Natural Languages. Hg. von J. Hintikka, J.M.E. Moravcsik und P. Suppes. Dordrecht 1973 S. 211 - 242
Quine, Willard V.O.: Methods of Logic. New York 1950, ^{3}1972
- : From a Logical Point of View. Harvard 1953, ^{2}1961
- : Word and Object. Cambridge, Massachusetts 1960
Reichenbach, Hans: Elements of Symbolic Logic. New York 1947, ^{2}1966
Schnelle, Helmut: Sprachphilosophie und Linguistik. Hamburg 1973
Schwabhäuser, Wolfram: Modelltheorie I, II. Mannheim 1971 bzw. 1972

Scott, Dana: Advice on Modal Logic. In: Philosophical Problems in Logic.
　　Some Recent Developments. Hg. von K. Lambert. Dordrecht 1970
　　　S. 141 - 173
Strawson, P.F.: Introduction to Logical Theory. London 1967
Tarski, Alfred: The Concept of Truth in Formalized Languages. In:
　　Linsky, Leonard. Semantics and the Philosophy of Language. Urbana 1952
　　　S. 13 - 47
　　　: Einführung in die mathematische Logik. Deutsche Ausgabe Göttingen
　　^{4}1971
van Fraassen, B.C.: Formal Semantics and Logic. New York 1971
Voltaire: Candide. 1759, Nachdruck z.B. Paris 1968 (Larousse)

SACHREGISTER

Ableitungsregeln 80
accessibility relation 93
Allmenge 4
Allquantor 63
analytische Wahrheit 20
analytischer Satz 20
analytisch falsch 20
Äquivalenz 27
Argument (einer Funktion) 10,
      (eines Prädikats) 56
asymmetrisch 57
atomarer Satz 21
Aufzählung 4
Aussagenkalkül 22
Aussagenlogik 22
Axiom 81
axiomatisierte Theorie 80

bildet ab in 10
Baumdiagramm 39
Bedingung 4

comment 102
conditionalization 83
counterfactual 35

Deduktionstheorem 83
deduktive Logik 13
deduktives System 80
de dicto 96
definite Deskription 89
Definitionsbereich 10
deiktische Ausdrücke 99
deontische Logik 96

de re 96
Differenz 7
Disjunkt 31
Disjunktion 27
Domäne 10
Durchschnitt 6

ein-eindeutig 59
einfacher Satz 21
ein-mehrdeutig 59
Element 3
enthält 5
erfüllt 61
existentielle Generalisierung 81
existentielle Präsupposition 87
Existenzquantor 63
exklusive Disjunktion 33
Extension 68
Extensionalitätsprinzip 101

faktive Präsupposition 87
Familie 6
Folge, logische 14
folgt 14
Formationsregeln 41
frei 62
Funktion 9

gebunden 62
geordnetes Paar 8
geordnete n-Tupel 8

Hauptverknüpfung des Satzes 39
Hyponymie 20

Implikation 27,
   materiale I. 34
indirekter Beweis 50
Individuenkonstante 55
Individuenterm 55
Individuenvariable 55
induktive Logik 13
Intension 101
Interpretation 67
intransitiv 58
irreflexiv 57

Jota-Operator 89
Junktor 23

kartesisches Produkt 12
Kastendiagramm 39
Komplement 8
komplexer Satz 21
Konditionalierung 83
Konjunkt 29
Konjunktion 27, 29
Konklusion 13
Konsequenz 14
Konstanten, logische 24
Kontradiktion 46
kontrafaktische Sätze 35
konverse Relation, Konverse 58

leere Menge 4
logische Form 15
logische Konstanten 24

maps ... into ... 10
materiale Implikation 34
mehr-eindeutig 59
mehr-mehrdeutig 59
Menge 3
Mengenoperation 6
Metasprache 41
Metavariablen 66
Modallogik 92
Modus Ponens 82

mögliche Welt 19
molekularer Satz 21

Negation 27
nicht-reflexiv 57
nicht-symmetrisch 58
nicht-transitiv 58
Notation 17
n-Tupel 8

opak 96
Objektsprache 41
Operatoren, modale 92
Ordnungsrelation 58

Paar 8, geordnetes P. 8
Phrasenstrukturgrammatik 43
polnische Notation 52
Potenzmenge 6
Prädikat 55
Prädikatenlogik 22
Prädikation 54
Prädikatskonstante 55
Prädikatsterm 55
Prädikatsvariable 55
Prämisse 13
Präsupposition 86
predicate calculus 22
Proposition 17
propositional calculus 22

Quadrupel 8
Quintupel 8

range 61
Referenzpunkt 100
reflexiv 57
Reichweite 62
rekursiv 42
Relation 8

Satzfunktion 61
Satzschema 55, 61

Satzvariablen 24
Satzverknüpfungen 23
Schluß, logisch gültiger 13
scope 41
Selektionsbeschränkungen 89
Semantik 41
set 3
Skopus 41, 62
Stelligkeit 56
symmetrisch 57
Synonymie 20
Syntax 41
synthetisch 21

Tautologie 46
Teilmenge 5
Theorem 80
topic 102
transitiv 58
transparent 96
Tripel 8
truth table 27

universe of discourse 4
universelle Instanzierung 81
Universum 4

Variable, gebundene 62
Variationsbereich 61
Vereinigung 6
Vokabular 41

Wahrheit, analytische 20
Wahrheitsbedingung 44
wahrheitsfunktional 25
Wahrheitsmenge 19
Wahrheitstafel 27
Wahrheitswert 25
well-formed formula 42
Wert (einer Funktion) 10
Wertebereich 10
Wirkungsbereich 41, 62
wohlgeformter Ausdruck 42

Zeitlogik 100
Zugänglichkeitsrelation 93
zugeordnet 9
zweiter Stufe, Prädikatenlogik 80